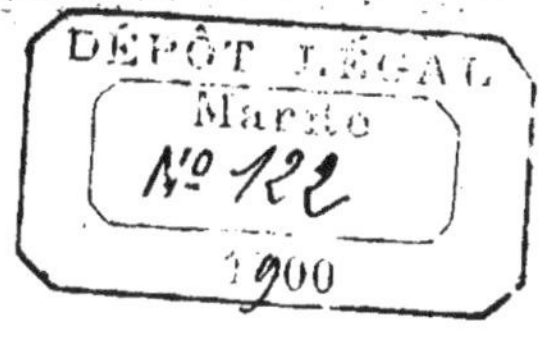

Ernest JOVY
CORRESPONDANT DU MINISTÈRE DE L'INSTRUCTION PUBLIQUE

FRANÇOIS TISSARD
ET
JÉROME ALÉANDRE

CONTRIBUTION A L'HISTOIRE DES ORIGINES DES ÉTUDES GRECQUES EN FRANCE

2e *fascicule* :

PREMIER SÉJOUR D'ALÉANDRE A PARIS (1508-1510)
ALÉANDRE A ORLÉANS (1510-1511)

VITRY-LE-FRANÇOIS
P. TAVERNIER, LIBRAIRE-ÉDITEUR
12, Rue de Vaux, 12

1900

FRANÇOIS TISSARD

et

JÉROME ALÉANDRE (1)

CONTRIBUTION A L'HISTOIRE DES ORIGINES

DES ÉTUDES GRECQUES EN FRANCE

(2e partie)

II

JÉROME ALÉANDRE

(SUITE)

Le premier séjour d'Aléandre à Paris

(4 Juin 1508 — 8 décembre 1510)

Aléandre, ainsi que nous l'avons dit dans la première partie de ce travail, fut peut-être excité par les récits d'Erasme, d'abord à songer, puis à se décider à quitter Venise et l'Italie, pour venir en France, à Paris. Le 5 mai 1508, il quittait, avec Maffeo Lioni, Motta pour venir en

(1) Cf. E. Jovy, *François Tissard et Jérôme Aléandre. Contribution à l'histoire des études grecques en France*, 1er fascicule, Vitry-le-François, 1899, in-8° de 143 pages, et le tome XIX des *Mémoires de la Société des Sciences et Arts de Vitry-le-François*, p. 317.

France : le 6, il passait à Conegliano et à Castelfranco ; le 8, à Villafranca et à Mantoue. Le 4 juin, dans l'après-midi, il arrivait à Paris avec Maffeo Lioni, Leonardo Venerio, patricien de Venise, et Ludovico Braga de Padoue.

Il s'est répandu sur les causes de la venue d'Aléandre à Paris, une tradition que nous devons repousser. La réputation que Jérôme Aléandre avait conquise à Venise et à Rome, n'aurait pas tardé, dit-on, à se répandre dans le monde lettré d'outre-monts et, s'il fallait en croire une tradition répétée par tous les biographes, les biographes italiens surtout, ce serait le roi Louis XII lui-même qui l'aurait appelé en 1509 pour professer les belles-lettres dans l'Université de Paris avec un traitement de cinq cents écus d'or. Le goût prononcé ou, si l'on veut, la manie de Louis XII pour l'antiquité classique a pu prêter à ce récit une certaine vraisemblance en dépit du caractère habituellement intéressé que les historiens prêtent à ce monarque (1). Louis XII n'avait-il pas appris quelque peu de l'intelligent cardinal d'Amboise à protéger les lettres et les arts ? Et qu'y avait-il d'étonnant à ce que le roi eût accordé cette somme, énorme pour l'époque, afin d'attirer en France le brillant professeur et l'indemniser en même temps des fatigues comme des dépenses

(1) « Autres l'ont estimé iusques à calomnie d'illibéralité, fort échars, et grandement aspre à tenir l'argent serré... » *Histoires de Paolo Jovio, Comois, evesque de Nocéra, sur les choses faictes et avenues de son temps en toutes les parties du monde*, traduites du latin en françois par le Seigneur du Parq, Champenois, à Lion, chez Guillaume Rouille, à l'escu de Venise, M.D.LII.

d'un voyage pénible et difficile ? Ne fallait-il pas aussi le dédommager du sacrifice qu'il faisait en quittant cette Italie où les applaudissements ne lui étaient pas ménagés, où les arts et les lettres s'épanouissaient, pour venir dans la terre des « barbares », selon le mot de Jules II dans ses patriotiques fureurs ?

Malgré toutes ces raisons demi-spécieuses, on a émis des doutes, — et M. Rebitté, dans son travail sur *Guillaume Budé* l'a fait avec une certaine force—, sur cet appel et cette générosité royale. On a toujours été assez enclin, en France, à faire honneur au pouvoir, en quelques mains qu'il soit tombé, de toutes les créations et de tous les actes qui ont jeté quelque éclat sur le pays (1). La libéralité de Louis XII envers Aléandre ne repose malheureusement sur rien autre chose que sur ce préjugé. En examinant de près certaines expressions des préfaces mises par Aléandre en tête des livres qu'il publia en France, un lecteur attentif aurait pu conjecturer que la protection royale n'avait été pour rien dans sa venue à Paris. Dans l'une d'elles il déclare en termes exprès que, pour satisfaire son désir de venir à Paris, il n'avait pas hésité à braver toutes les difficultés d'une longue route : « *Cujus* [*urbis*] *videndae gratia et variarum linguarum doctrina pro virili mea condecorandae per tot tamque difficilia viarum spatia huc me contuli* » (2). Si ce voyage ne s'était pas fait par sa seule

(1) M. Rebitté, dans sa thèse sur *Budé*, étudie cette question de l'influence du gouvernement sur la restauration des études grecques.

(2) Ce sont les expressions dont se sert Aléandre, à propos de son voyage, dans la préface de ses *Tabulae*. Vatable, dans la

initiative individuelle. Aléandre n'aurait sans doute pas manqué de célébrer les bienfaits du souverain. Une lettre inédite d'Aléandre même, retrouvée à la Vaticane par M. Pierre de Nolhac, a jeté sur ce point d'histoire littéraire une décisive lumière et, en même temps qu'elle nous oblige à rejeter décidément la légende, elle nous introduit dans le monde littéraire du temps et nous renseigne sur les débuts d'Aléandre à Paris et l'état de l'hellénisme aux environs de 1508.

Aléandre avait donc conçu de lui-même, malgré les difficultés qu'offraient alors les voyages, malgré la distance qu'il allait mettre entre sa patrie et lui, le projet de venir professer dans cette université de Paris qui conservait encore une si universelle réputation dans tout le monde chrétien et où avaient passé, à titre d'élèves et de maîtres, tant de ses compatriotes, et non des moins illustres. Paris et la France semblaient alors exercer une véritable attraction : c'est ainsi qu'un peu plus tard on voit un grammairien qui professait à Liège, s'écrier en tête d'une *Syntaxis graeca : « Ventus nescio quis volentem nolentem subito me rapuit in Galliam* (1). »

Aléandre avait emporté avec lui des lettres de recommandation d'Erasme pour ses amis qui ne lui

préface des *Erotemata* de Chrysoloras qu'il publia pour rendre service à Aléandre, le dit aussi : « *In Galliam sese contulit....* », et Liruti met judicieusement après ces paroles, cette parenthèse : *(non dunque chiamato dall' Italia dal Re Luigi, come alcuni scrivono)*. Asola, dans la préface mise en tête d'un volume de son *Galien*, que nous reproduisons en appendice, loue également l'initiative d'Aléandre qui l'a conduit en France.

(1) Gunterius Joannes Andernacus, *Syntaxis graeca*, Lutetiae, 1527.

furent certainement pas inutiles. C'est ce qu'Erasme atteste lui-même : « *Commendaui eum proficiscentem in Gallias literis meis.* » (1)

Le 23 juillet de cette même année, il adressait de Paris à son protecteur et ami Alde Manuce une longue lettre où il confiait à l'illustre imprimeur ses projets, ses inquiétudes, ses espérances. C'est cette lettre précieuse, restée jusqu'ici inconnue, dont j'ai parlé précédemment. Voici la traduction qu'a donnée de ce document M. Pierre de Nolhac dans la *Revue des études grecques* (2) :

A L'EXCELLENT SEIGNEUR ALDE MANUCE ROMAIN, HONORÉ MAITRE.

A Venise, à saint Paternien.

IC XC.

Salut, et le reste. Par le présent courrier qui vient d'Angleterre et me presse, je vous écrirai ce qui me paraîtra le plus urgent, une autre fois, je vous parlerai d'autres sujets. Mes bagages ne sont pas encore arrivés, ce qui fait

(1) Erasme, *Opera*, III, Lettres 501, p, 544 C, dans les *Opera omnia*, Leyde, 1703-1706 : Pierre de Nolhac. *Erasme en Italie*, p. 49 ; J. Paquier, *Erasme et Aléandre*, Rome, Cuggiani, 1896, p. 5.

(2) M. de Nolhac a publié cette traduction dans la *Revue des études grecques*, 1re année, Paris, 1888, n° 1, p 61, dans un travail intitulé : *Le Grec à Paris sous Louis XII, récit d'un témoin*. Le même savant a donné le texte du document dans *Les Correspondants d'Alde Manuce*, p. 65, n° 57. Nous reproduisons en appendice le texte de cette pièce qui est à la Vaticane, *Vat. lat.*, 4105, f° 315. M. Omont l'a republiée dans son *Essai sur les débuts de la typographie grecque à Paris (1507-1516)* (Extrait des *Mémoires de la Société de l'histoire de Paris et de l'Ile-de-France*, t. XVIII (1891). p. 68 et suiv.

que je ne vous transcris rien de ce que vous demandez ; mon sort le veut ainsi. Je n'ai encore rien commencé [en fait d'enseignement public], parce que je n'ai pas reçu mes livres. On m'a bien prêté beaucoup de livres grecs ou latins ; mais Mgr Budé me conseille de m'abstenir pour le moment, parce que, dit-il, j'aurais bien une foule d'écoliers dépenaillés et pouilleux, mais de gain fort peu. Il me dit aussi qu'il s'occupe d'arranger mes affaires et, en attendant, il groupe diverses personnes honorables [qui voudraient prendre des leçons de grec]. J'espère donc que tout marchera bien pour le profit. Quant au nom (car on se fait un nom par ce moyen), déjà beaucoup de dignes gens connaissent le mien, et plusieurs ont de hautes situations. Au reste, quand même je n'aurais pas de profit, j'ai trouvé une autre occupation qui me fait espérer de n'avoir pas à me repentir d'être venu en France : nuit et jour, j'étudie les arts avec enthousiasme, et j'en apprends assez pour espérer que, lorsque nous serons à l'Académie, nous ferons encore quelque chose de bon en matière péripatétique et mathématique. Lefèvre [d'Etaples] (1) est mon guide, ainsi que plusieurs personnages de marque. Quant à une méthode courte et telle que veut messer Ambrogio, je crois que nous en avons trouvé une, et je regrette [à ce propos] que à Venise, je n'aie pas bien joui de notre messer Ambrogio ; veuillez me recommander à lui.

(1) Sur Lefebvre d'Etaples, voy. Ch.-Henri Graf, *Essai sur la vie et les écrits de Jacques Lefebvre d'Etaples*, Strasbourg, 1842 ; Massebieau, *Opuscules sur Elie Vinet, Lefebvre d'Etaples, etc.*, 1888 (Bibl. Nat., 8° R 6879) ; la poésie de Salmon Macrin *De obitu Jac. Fabri Stapulensis*, qui le célèbre sur le ton le plus lyrique :

Ergone flagrans ille Deo senex,
Afflatus almo pectora Spiritu,
Et disciplinarum recoctus
Omnigena Stapulensis arte, etc.

(Salmonii Macrini Juliodunensis, Cubicularii regii, *Hymnorum selectorum libri tres*, Parisiis, Robertus Stephanus, 1540, p. 119)

Sachez encore qu'après le dîner, je donne une leçon de grec à quelques hommes distingués. D'autres me demandent instamment de leur enseigner les *Erotemata*, de [Constantin] Lascaris, et moi je ne veux pas prendre cette peine pour un ou deux élèves ; je voudrais en avoir une classe de quinze ou seize à la fois. Il est vrai que, dans ce pays, on a imprimé les *Erotemata* de Chrysoloras, de l'édition de Regius, ainsi que Théocrite. Mais les lettres sont faites ici et, bien que je ne les aie pas vues, je crois pourtant qu'elles ne sont ni belles ni bonnes ; mais c'est bon marché, et on en veut, car, dans ce monde-ci, on ne cherche qu'à peu dépenser. Ils veulent donc que je les instruise avec ces *Erotemata ;* moi, je leur ai proposé les vôtres, comme étant meilleurs pour l'enseignement et comme... et cetera. Parlez en à messer Andrea et faites-moi envoyer le plus tôt qu'il se pourra, soit pour la foire prochaine de Lyon, soit même avant: *Erotemata* de Constantin, douze exemplaires au moins ; *Lexicon*, six exemplaires; *Lucien*, six exemplaires ou plus ; et tout autre livre que vous jugerez bon ; faites en une caisse ; j'espère vous les faire placer tous. Envoyez en même temps les ouvrages suivants que m'a demandés spécialement un gentilhomme : Aristote, *De animalibus*, texte grec ; Theophraste, *De plantis*, texte grec ; Aristophane, et d'autres livres que vous trouverez en ordre dans la liste.

Ce [voleur de] Jean Pierre (1) vend ici vos livres au prix d'un œil d'homme, de sorte qu'ils ne s'écoulent pas facilement. On le surnomme le Juif. Il a vendu à un gentilhomme d'ici votre édition des *Epigrammes grecques* deux ducats et dix sous de notre monnaie [de Venise]; les malheureux acheteurs étaient naturellement tout décou-

(1) Ce Jean Pierre paraît être Jehan Petit (?). — Cf. Ph. Renouard, *Quelques documents sur les Petit, libraires parisiens, et leur famille*, Paris, 1896 ; Pichon et Vicaire. *Documents pour servir à l'histoire des libraires de Paris*, Paris, Techener, 1895, p. 17.

ragés, et j'ai été obligé de leur relever le moral. On commençait à mener bruit d'un Français qui sait du grec, et à faire imprimer, comme je vous l'ai dit plus haut. Mon arrivée a rompu ses projets, et je crois qu'il n'enseigne plus. Je ne le connais que de nom ; il s'appelle, je crois, François Tissard.

Je vous prie donc de me faire faire une caisse des livres ci-dessus et de les mander, avec une lettre à mon adresse, au collège du Cardinal [Lemoine], qui est voisin de chez moi et dont le principal étudie le grec. Vous savez le zèle que j'ai pour ce qui vous touche ; je vous rendrai votre argent, sur votre ordre, de la façon que vous m'indiquerez. Je donnerai les livres un peu meilleur marché que Jean Pierre, parce que, par Dieu ! il en est besoin, et la différence entre le prix de vente et celui que vous faites à Venise sera prise partie par les dépenses, partie par mon propre bénéfice, car, par Dieu ! on n'en fait pas gros, du bénéfice.

Il faut avoir confiance en moi, parce que, dans ce pays, on a tellement l'habitude de payer les maîtres en sous, qu'on se décide à grand peine à donner de l'argent (1), aussi bien pour des livres que pour des maîtres de grec. Il est donc nécessaire que nous nous prêtions assistance, [selon le proverbe] χεὶρ χεῖρα νίπτει (2). Et puis, désormais, m'appuyant sur votre conseil, je ne les poursuivrai pas, et je n'ai pas encore touché un sou. Il viendra bien quelque chose un jour, pourvu qu'on vive. [En attendant], pour que vous soyez sûrs, messer Andrea et vous, que je ne veux pas vous tromper, le magnifique messer Pietro Lioni vous parlera, à vous ou à messer Andrea, et vous donnera toute sécurité sur les livres que vous enverrez ; pour la vente, c'est moi qui vous en rendrai bon compte ; mais je crois qu'il n'y a pas besoin de tant de précautions avec moi qui suis de votre maison

(1) Exactement : des ducats, — *ducati*.

(2) « C'est à chaque main à laver l'autre. »

et qui possède quelque bien sur le territoire de Venise. Si vous faites l'envoi, je me mettrai avec ardeur à placer les volumes. Ayez confiance dans ce pauvre exilé qui se trouve dans une terre (1) étrangère. De ma dette, par Dieu ! à mon premier gain je l'acquitterai.

Recommandez moi à messer Erasme et à tous les amis de la maison et du dehors ; je n'écris à personne parce que je n'ai pas le temps ; j'attends une leçon et le courrier part.

Adieu, Paris, 1508, 23 juillet.

Votre ALÉANDRE (2).

Comme on le voit, cette lettre si curieuse nous apprend en un style plein de verve les premières impressions du jeune professeur en quête de ressources et de leçons. Peu d'argent, peu d'élèves, telle est tout d'abord la situation du maître italien, une situation où les fameux cinq cents écus d'or, tant prônés par les historiographes, auraient fait merveille. Porteur de lettres de recommandation de son ami Erasme, comme nous l'avons dit, et probablement aussi de Lascaris, Aléandre fait sans doute rapidement connaissance avec les quelques humanistes et les *grammatici* parisiens, ces « maîtres de grammaire » que Lefèvre d'Etaples, dans l'un de ses livres (3) énumère avec complaisance. Il

(1) MM. de Nolhac et Omont donnent ici ces mots : « in Polana alienigena «. Peut-être s'agit-il de Poiana, petit village des environs de Padoue, situé entre cette dernière ville et Vicence.

(2) Cf. Abel Lefranc *Histoire du Collège de France*, Paris, Hachette, p. 28-33.

(3) *Libri Logicorum Aristotelis* ex tertia recognitione [Boetio Seuerino interprete, Iacobo Fabro Stapulensi ordinatore], Parisiis, ex officina Henrici Stephani, 1520 (la première édition est de 1510), pag. 71 : «.... Clichthoveus, Bouillus, Ruffus, Castellus, Molinarius,

se rencontre aussi, avec quelques compatriotes, Paul Emile, peut-être, et peut-être aussi Fra Giocondo, l'érudit architecte qui vivait dans l'intimité de Budé et de Lefèvre d'Etaples, et expliquait publiquement Vitruve(1). Budé, comme l'atteste la lettre précédente, soutient Aléandre, l'encourage, lui cherche des élèves. Lefèvre d'Etaples, *deus philosophorum*, ainsi que l'appelait un contemporain, le protège et l'engage à se faire recevoir docteur ès arts, sans doute afin de l'attacher d'une manière définitive à l'université de Paris (2). A ce moment nous voyons Aléandre, d'après ses notes autobiographiques perdre, le 4 août 1508, une chaîne d'or qu'il retrouva le même jour, et faire, à ce propos, vœu de jeûner à diverses reprises en l'honneur de saint Antoine de Padoue. Nous le voyons encore se loger, le 2 septembre de cette même année, aux environs du collège de Rheims. Ce même jour, on lui apportait trois caisses de livres venus de Milan.

Tout en se livrant à des études très variées (3),

Fortunatus, Lagrenus, Pellitarius » Clichthoveus (Clichtoue) et Bouillus (Charles de Bovelles) sont très connus; nous aurons l'occasion de parler de « Fortunatus ». On trouvera une pièce de vers de « Joannes Pellitarius » en tête des *Physici libri Aristotelis*, Parisiis, apud Simonem Colinaeum, 1531.

(1) Voy. pag. 71 du livre de Lefèvre d'Etaples, cité dans la note précédente. — Cf. aussi sur Fra Giocondo, Eugène Müntz, *La Renaissance en Italie et en France à l'époque de Charles VIII*, Paris, Firmin-Didot, 1885, p. 524.

(2) Lefèvre d'Etaples habitait alors à l'abbaye de Saint Germain des Prés. Voy. Ch. Henri Graf, *Essai sur la vie et les écrits de Jacques Lefèvre d'Etaples*, Strasbourg, 1842.

(3) « Les études très variées qu'Aléandre faisait l'année de son arrivée à Paris, sont attestées par un cahier que nous avons trouvé à la bibliothèque Chigi et qui nous semble des notes de cours. C'est le manuscrit R. II, 49; on lit à la fin : *M.D.VIII., V. Idib. VII br., Parisiorum Lutetiae.* » (Pierre de Nolhac, *Les Corres-*

Aléandre paraît avoir institué dès son arrivée des cours fermés où n'étaient admises que quelques personnes érudites et distinguées.

Ce ne fut que vers le mois d'avril 1509 qu'il commença ses leçons publiques, car l'illustre Budé, comme nous l'a montré la lettre précitée, l'en avait détourné. Un futur élève d'Aléandre, Michel Hummelberger, apprenant l'ouverture prochaine de ce cours public, s'empressait joyeusement de l'annoncer à Beatus Rhenanus dans une lettre en date du 2 avril 1509 (1) :

« Jérome Aléandre de Motta, dans le Norique, très versé dans les deux langues en même temps qu'en hébreu, a jusqu'ici enseigné le grec dans des conférences privées à des personnes de distinction; mais sous peu il le professera

pondants d'Alde Manuce, p. 66) — « J'ai vu à la Chigiana sous la cote R. II, 49, un manuscrit qui contient des extraits des propres notes d'Aléandre. Elles sont dans le plus grand désordre et n'ont guère entre elles qu'un lien alphabétique. Les questions d'histoire, la philosophie, la théologie s'y mêlent ; les citations hébraïques sont fréquentes. Dans la deuxième pagination se trouve, au folio 92, à la suite de notes sur la langue et les antiquités grecques et romaines une date intéressant la carrière universitaire d'Aléandre : *M.D.VIII, V Idib. VII br., Parisiorum Lutetiae.* » (Pierre de Nolhac, *La bibliothèque de Fulvio Orsini*, Paris, 1887)

(1) « Hieronymus Aleander Mottensis Noricus, utriusque linguae iuxta et Hebraicae doctissimus quas priuatos inter parietes summatibus viris interpretatus est, propediem publicitus auspicabitur ; ego eius auditorio frequens adero. Nihil adeo me oblectat ac Graecarum literarum studium.» *(Briefwechsel des B. Rhenanus*, pp MM. Horawitz et Hartfelder, Leipzig, 1886, p 21 ; cf. Ioannes Sturmius, *Vita Rhenani*, en tête des *Beati Rhenani Selestadiensis rerum Germanicarum libri tres*, Argentorati, anno MDCX ; et Melior Adamus, *Vitae Germanorum literis clarorum*, Francofurti, 1615, pag. 134.) — Voici le texte de la réponse de Beatus Rhenanus en date du 30 juillet 1509 : « Quod autem de Aleandri eruditione scribis, gaudeo ego plurimum, mi Michael, academiam Parisiensem aliquando illustrari ac velut e tenebris plus quam Cimmeriis in apertum educi.... » *(Briefwechsel des B. Rhenanus*, etc., p. 22).

publiquement. J'assisterai souvent à son cours, car rien ne m'est plus agréable que l'étude des lettres grecques ».

Et Beatus Rhenanus répondait le 30 juillet suivant :

« Quant à ce que tu m'écris du savoir de Jérôme Aléandre, je me réjouis beaucoup, mon cher Michel, que l'université de Paris soit enfin éclairée et que, sortant de ténèbres plus que cimmériennes, elle vienne enfin à la lumière. »

Ces leçons étaient faites devant un auditoire où se rencontraient des étudiants de toute nationalité, de toute fortune, de toute condition, dont beaucoup appartenaient à d'illustres familles. C'est peut-être à cette première période parisienne de l'enseignement d'Aléandre qu'il faut rapporter les heures d'enseignement et le programme des cours que semble indiquer Arnauld du Ferron, dans sa vie de « Louis XII », écrite pour compléter le travail d'un ami d'Aléandre, le chanoine Paul Emile (1), sur notre histoire nationale. D'après cet auteur, Aléandre aurait fait un cours de grec le matin,

(1) Voy. Pauli Aemilii, historici clarissimi, *De rebus Francorum gestis*, etc., chez Michel Vascosan, 1548, in-fol ; Ludouicus XII, p. 41 : « .... summo auditorum concursu Gryphum Ausonianum primum et Theodori Gazae graecae linguae grammaticas institutiones, mox et Platonis Timaeum et Marci Tullii librum de universitate ut enarraret, quingentorum aureorum stipendio annuo fouerat [Ludovicus XII]....» Le renseignement donné par du Ferron est accompagné, comme on voit, d'une erreur. — Le traité *de universitate* se trouve dans le *Marci Tullii Ciceronis de philosophia volumem secundum*, édité par Paul Manuce, 1555, in-8° (Cf. *Catalogue de la bibliothèque James de Rothschild*, Paris, Damascène Morgand, Paris, 1887, t. II, p. 379, n° 1902). — On trouvera le texte du *Griphus* d'Ausone dans le *Decimi Magni Ausonii Burdigalensis opuscula*, recensuit Rudolfus Peiper, Lipsiae, 1886, p. 196, XVI. Le *Griphi Ausoniani enodatio* (Bibl. Nat. Rés. Z., 340-345) est un commentaire sur cette pièce *per Franciscum Sylvium Ambianatem*.

un cours de langue latine le soir. Dans ces conférences il aurait expliqué au milieu d'un grand concours d'auditeurs avides d'entendre la parole, vivante et pleine de feu, du jeune Italien, d'abord le *Griphus* d'Ausone et la grammaire grecque de Théodore de Gaza, bientôt aussi le *Timée* de Platon et le *de universitate*, — probablement le *de universo* ou le *Timée* de Cicéron. Il donnait sans doute aussi quelques leçons élémentaires de grec et de chaldéen.

Les honneurs ne manquèrent pas de venir chercher l'habile humaniste qui apportait avec lui l'esprit de la Renaissance et tout le brillant de la culture italienne, au milieu de ces écoles de droit et de théologie où régnait d'une autorité incontestée, non pas la grande philosophie du moyen-âge, mais une scolastique abatardie, où maîtres et élèves n'étaient occupés du matin au soir qu'à se lancer mutuellement des arguments et des syllogismes, en étudiant *le Maître des Sentences*, et les *Sommes*, et les *Summulae* (1). « On ne se contente pas de traiter les questions les plus frivoles ; les adversaires, une fois aux prises, ne ménagent plus rien ; ils se livrent peu à peu à tous les excès d'une violente colère, disputant jusqu'à devenir pâles, jusqu'à dire des injures et quelquefois jusqu'à jouer du poing (2) .» Voilà ce qu'étaient, en 1521, au témoignage

(1) Scévole de Sainte-Marthe dit dans ses *Elogia* (p. 1 et 2), à propos de Lefèvre d'Etaples : « . ... *cultumque ingenii quem illa tempora ferebant, inter aniles sophistarum nugas et ineptias apud Parisios acceperat.* »

(2) Cité par D. Rebitté, *Budé*, p. 87. Cf. Stapfer, *Rabelais*, p. 208-209 ; Michelet, *La Renaissance* : « La gloire était de ferrailler six heures, dix heures et de trouver des mots encore. »

de Chéradame, l'un des successeurs d'Aléandre dans l'enseignement du grec à Paris, les discussions scolastiques, quand elles se réduisaient au jeu stérile du syllogisme. En 1774, — que cette date n'étonne pas, la scolastique n'était pas morte et ne l'est pas même encore — un poète espagnol, don Juan de Yriarte, disait à propos de ces enragés disputeurs dans une pièce de vers latins :

Obtinuit quisquis voluit pulmone triumphum.

Aléandre devait sentir lui-même qu'il apportait aux intelligences une nourriture toute nouvelle, ce qu'en prédécesseur hardi de Ramus, il devait bientôt appeler, dans une préface qui était comme un manifeste, la vraie philosophie, *vera philosophia*. Aussi à pareil personnage ne fallait-il pas vraiment ménager les distinctions.

Aléandre fut d'abord attaché au Collège des Lombards (1). Il était tout naturel qu'Aléandre, en sa qualité

(1) On sait quel sens restreint avait tout d'abord le mot de collège. Plusieurs groupes d'écoliers, soit religieux, soit laïques, tenaient de la munificence des ordres réguliers ou des simples particuliers le logement, la nourriture, l'entretien, en un mot, les ressources nécessaires pour suivre les cours publics. Les étudiants y étaient reçus, défrayés, surveillés, mais rarement instruits. Un maître nommé *principal*, se bornait à maintenir parmi eux la discipline et la régularité des études. A partir du XVe siècle il y eut dans tous les collèges de l'Université de Paris deux administrations distinctes : la communauté des boursiers, propriétaire des bâtiments et des biens de la fondation dans laquelle le principal n'était que le premier entre ses égaux ; — puis la *pédagogie*, c'est-à-dire l'entreprise des cours payés par ceux qui y venaient du dehors, affaire qui appartenait exclusivement au principal, soit comme profit, soit comme perte. -- Cf. J. Quicherat, *Tableau d'un collège vers l'an 1500*, dans l'*Histoire de Sainte-Barbe*, t. I, pp. 72-92 ; Aug. Castan, *Sully et le collège de Bourgogne*, in-8°, 1869.

d'Italien, fit partie de ce collège, *collegium Italicum*, *collegium Italorum*, comme l'appelait l'imprimeur Badius dans ses éditions (1). Il y trouvait une véritable colonie d'étudiants italiens et, par suite mille et un souvenirs de la patrie absente en plein Paris. Ce Collège était en effet la propriété de maîtres et d'étudiants italiens. Il avait été fondé en 1334 par messire André Ghini, Florentin, évêque d'Arras, puis de Tournai, qui avait associé à son entreprise trois particuliers. C'étaient François de l'Hospital, bourgeois de Modène, Renier Jean, bourgeois de Pistoia et Manuel Rolland, bourgeois de Plaisance. On devait donner dans cet établissement onze bourses à de pauvres écoliers italiens. Les fondateurs avaient établi pour le régime et le gouvernement de la maison trois proviseurs auxquels ils accordèrent le droit de faire des statuts et de donner les bourses. L'un devait être de Toscane, l'autre de Lombardie, le troisième de Rome. Ils choisirent pour protecteurs et défenseurs des boursiers le chancelier de l'Université et l'abbé de Saint Victor. Les proviseurs ne résidaient pas au Collège. Ils nommaient suivant l'usage un prieur, un principal, un procureur et un chapelain pour avoir soin de la discipline et régler le spirituel et le temporel.

(1) C'est ainsi que l'édition de la *Grammaire* de Théodore de Gaza, publiée en 1521 par Joannes Vatellus, porte qu'elle a été imprimée chez Badius, *in aedibus Ascensianis, e regione collegii Italici*. Cette édition, soit dit en passant, peut se rattacher à l'histoire de l'hellénisme orléanais. Joannes Vatellus l'a dédiée à François Deloynes, conseiller du roi, qui était d'origine orléanaise. L'exemplaire de la Bibl. Nat. (X. 290, Inventaire X. 1913) a appartenu à un « Nicolas Jobelain, fils de messire Jehan Jobelin, procureur à Chastillon ». C'est assurément là le nom de l'un des premiers écoliers hellénisants de France.

Ce collège, situé sur le chemin de l'église Saint Hilaire à l'église des Carmes (1), — c'est à peu près l'emplacement qu'occupe aujourd'hui le n° 23 de la rue des Carmes, — fut très célèbre dès ses commencements et J. du Breuil dans ses *Antiquités de Paris* rapporte que Robert de Bardis (2), l'un des trois proviseurs nommés par l'acte de fondation, fut plus de quarante ans grand chancelier de l'université de Paris.

Quelles fonctions remplissait Aléandre au collège des Lombards? Les biographes disent ordinairement qu'il en fut le principal. Nous nous représentons assez difficilement l'humaniste italien accomplissant les sévères devoirs d'un principal dans un temps où l'enseignement était si rude et la discipline scolaire d'une sévérité qui allait jusqu'à la barbarie. Dans la copie d'un document de 1397 qui nous donne tous les réglements du collège des Lombards, nous apprenons quel était le rôle d'un principal. Le principal devait lui-même fermer les portes et se bien assurer de leur fermeture. Il devait emporter les clefs dans sa chambre, sans les confier à personne. Nous avons peine à attribuer à Aléandre ces vulgaires occupations de geôlier scolastique, et nous voudrions plutôt voir en lui l'un de ces proviseurs

(1) Arch. Nat. S. 6182 : « in monte Sancti Hilarii, descendendo de Ecclesia Sancti Hilarii ad Ecclesiam Fratrum Carmelitarum.... » Voy. dans Alfred Franklin, *La Sorbonne, ses origines, sa bibliothèque, les debuts de l'imprimerie à Paris*, Paris, 1875, un plan du quartier latin à cette époque.

(2) Sur Robert de Bardi, Budinszky, *Die Universitat Paris und die Fremdem an derselben im Mittelalter*, Berlin, Wilhelm Hertz, 1876, p. 202-203 ; Tiraboschi, V. 205.

du Collège qui n'étaient pas astreints à y résider (1).

D'autre part un livre presque contemporain, une sorte de «livret de l'étudiant» de ce temps-là, le *Compendium de triplici Parisiensis universitatis magnificentia* de 1517, dit qu'il faut choisir pour principal un homme docte en presque tout ce qu'il est possible de savoir. Il doit être bon grammairien, poète même, connaître l'accent et l'orthographe dont l'ignorance entraîne, et de tout temps a entraîné, des erreurs dans la prononciation et même dans les Eglises : « *Eligendus est uir experientissimus pro principali seu primario. Doctus ferme in omni scibili.... Praesertim bonus grammaticus. Expertus in condendis carminibus.... Ignorantia namque condendorum carminum in accentu et orthographia necnon in pronunciatione ac ecclesiis innumeros parit et semper peperit errores* (2). » Si telles étaient les qua-

(1) Tous ces renseignements sur le collège des Lombards sont empruntés aux documents des Archives Nationales, M. 147 et S. 6182-6183, que nous avons compulsés soigneusement dans l'espoir — trompé — de rencontrer quelques renseignements sur Aléandre. Consulter aussi Crevier, *Histoire de l'Université de Paris*, t. II, p. 282 ; Félibien, *Histoire de Paris*, t. I, p. 588, et t. III, p. 427 ; Alexander Budinsky, *Die Universitat Paris and die Fremden an derselben im Mittelalter*, Berlin, Hertz, 1876, p. 68. L'acte de fondation du 25 février 1334 donne les noms des premiers étudiants italiens qui vinrent demander à Paris l'hospitalité du collège des Lombards : « Nomina vero dictorum scholarium sunt haec : Ventura de Florencia, Joannes de Bononia, Johannes de Mediolano, Johannes de Moyrano, diocaesis Vercelensis, Michael de Monte Calerio, diocaesis Thourensis, Laffranchinus de Bargamo, Simon de Verona ; Jacobus vero de Verona qui erat et est unus de scholaribus dictae domus dicto loco ex causa interesse non potuit. » (Arch. Nat., S. 6182-6183).

(2) Arch. Nat., S. 6183. Copie d'un document de 1397 : « Item jurabit [Primarius] quod omni die in ignitegio Sancti Benedicti firmabit prorsus domum cum claue, ita quod nullus possit cubare

lités exigibles d'un principal, Aléandre les réunissait à merveille (1).

En même temps que le jeune professeur donnait par son enseignement une impulsion puissante et féconde à l'hellénisme français, il se préoccupait de multiplier les exemplaires des œuvres grecques. Tout d'abord Aléandre, lié par la reconnaissance et l'amitié à la maison d'Alde Manuce, avait été, comme nous l'a montré la lettre précédemment citée, le dépositaire et comme le courtier des livres sortis des presses vénitienes. Mais il ne se contenta pas de ce rôle d'introducteur des productions typographiques transalpines qui,

vel exire nisi licentia sua, vel claudi faciat per famulum ; de cujus portae clausura sibi constet et claues secum ad cameram portet et tota nocte custodiat, nec alicui committat, etc. »

(1) *Compendium recenter editum de multiplici Parisiensis universitatis magnificentia, dignitate et excellentia, ejus fundatione mirificoque suorum suppositorum ac officiariorum et collegiorum nomine. Praeterea supplementum de duabus artibus et Heptadogma pro erigendo recenter gymnasio, multis cum aliis utilibus documentis.* Venundantur Parisiis in vico S. Jacobi prope sanctum Yvonem ad crucem ligneam per Toussanum Denis, bibliopolam, 1517, in-4°. Voici l'idéal du collège d'après ce petit livre dont l'auteur est Robert Goulet (cf M. Pellechet, *Catal de la bibl. d'un chanoine d'Autun*, t. XVIII des *Mém. de la Soc. Eduenne*, p. 86). Il faut que le collège soit « situs in loco eminenti vel saltem propicio, satis semotus ab urbanis domibus..... Subinde opus est bonum, amplum, non vetustum, sed stabile ac spaciosum habere domicilium, undiquaque muris satis altis circumdatum, in quo sint viginti aut triginta camerae suis cum bibliothecis saltem pro regentibus et provectioribus discipulis, cum curia ampla et in aprico sita, duabus aulis, una majore, altera vel una bene lata ; sic unum sacellum in honore Passionis Dominicae et Virginis Deiparae dicatum ; sic coquina, dispensa et lignarium cum cavea ; non multum refert, si nullus fuerit hortus, nisi forte angustus pro primarii et regentium solamine. Sint ad minus duodecim classes seu parvae scolae vel secundum loci et auditorum exigentiam, et omnia uni portae et janitori respondeant....»

fort peu coûteuses en Italie, ne pouvaient se vendre en France qu'à des prix très élevés (1). Elles étaient inaccessibles à ce grand nombre d'étudiants parisiens avides d'apprendre cette vieille langue que l'on disait avoir de si jeunes beautés.

Ainsi qu'Aléandre nous l'apprend dans sa lettre à Alde Manuce, Tissard, d'Amboise, venait de dire adieu à l'enseignement du grec. Gilles de Gourmont (2) cherchait quelqu'un qui voulut bien l'aider et le guider pour l'impression de nouvelles éditions. Le collège des Lombards auquel appartenait Aléandre n'était pas loin de la place et du collège de Cambrai en face duquel demeurait Gilles de Gourmont. Ces deux hommes se rencontrèrent et se comprirent. Le zèle d'Aléandre pour l'hellénisme, l'espoir d'une spéculation assez heureuse chez Gilles de Gourmont (3), allaient en quelques

(1) Ces paroles de Maittaire (*Ann. Typogr.*, t. II, part. I, p. 95) : « Hactenus magna fuerat penuria et grande pretium Graecorum librorum quos e Venetia studiosi coemere volebant », sont aussi vraies pour le moment de l'apparition d'Aléandre que pour le moment de l'apparition de Tissard.

(2) Nous trouvons Bibl. Vitry-le-François, K. 13 : Plinii secundi nouocomensis viri illustres nunc primum decentibus figuris parisiis illustrati, cum Dominici Machanei quam doctissimis commentariis. Veneunt in aedibus Iohannis Gourmontij in clauso Brunello commorantis, prope collegium Coquereti, sub signo duarum sipparum. A la fin : Impressum Parrhisiis per Joannem Gourmont commorantem in clauso Brunello prope collegium Cocqueretti, sub signo duarum cipparum.— Ce Jean de Gourmont nous paraît (?) être le père de Gilles de Gourmont. Sur d'autres publications de Jean de Gourmont, cf. M. Pellechet, *Catal. de la bibl. d'un chanoine d'Autun*, t. XVIII des *Mém. de la Société Eduenne*, index, p. 222 et *passim*.

(3) Il ne faudrait pas voir en Gilles de Gourmont un imprimeur uniquement préoccupé du progrès littéraire. Aléandre, dans le latin de sa première préface parisienne, brave légèrement la politesse à l'égard de son imprimeur : « Les imprimeurs, dit-il, ne cherchent

années contribuer, par l'extension de la typographie grecque, au développement et à la propagation des études grecques. Pressé par les sollicitations de ses nombreux auditeurs qui réclamaient de lui la multiplication rapide des textes grecs à bon marché, sûr du bon accueil que le public étudiant allait faire à ces publications françaises, Aléandre se mit aussitôt à l'œuvre.

Au mois de mai 1509 (1), il publiait chez Gilles de Gourmont trois petits traités moraux de Plutarque. Sa collaboration à l'édition aldine des *Plutarchi opuscula LXXXXII* venait de le préparer à ce travail. Il devait expliquer ces traités dans ses cours publics à partir du 8 octobre 1509. Ses auditeurs n'allaient plus être forcés de s'arracher les uns aux autres leurs rares et dispendieux exemplaires. Chaque étudiant, aux leçons du maître, pourrait avoir son texte entre les mains et profiter plus facilement de l'explication et du commentaire.

La préface de ce premier livre publié par Aléandre en France nous apprend quel esprit et quelles vastes

guère dans leurs travaux que le lucre (.. *fere quaestui studeant*).» Rapprocher de ces reproches d'Aléandre ceux que Jean Lascaris adresse à Alde Manuce, en l'accusant d'avoir déserté les Grecs pour publier des livres italiens, uniquement par esprit mercantile, dans la lettre 24, p. 26, du recueil de M. Pierre de Nolhac. *Les Correspondants d'Alde Manuce*, Rome, Imprimerie Vaticane, 1888 : « La uera causa de la uostra transmigratione dala Graecia alla Italia asseuerano essere lo guadagno... »

(1) M. Rebitté ne savait à qui attribuer cette édition des trois traités de Plutarque, à Tissard ou à Aléandre (cf. Rebitté, *Budé*, p 41). Panzer, *Ann. typogr.*, t. VIII, p. 214, n° 2766, indique à tort cet ouvrage comme étant sans date. Il porte cette suscription : « Lutetiae Parisiorum, in aedibus Aegidii Gormontii, MDIX, pridie cal. Maii (30 avril 1509)....». Cette édition des trois opuscules de Plutarque forme en tout dix feuilles d'impression.

espérances animaient Aléandre dans la conception des divers travaux qu'il allait, soit produire lui-même, soit inspirer à ses amis ou à ses élèves. Par la vulgarisation des auteurs grecs Aléandre songeait surtout à rendre service aux étudiants pauvres et laborieux et qui étaient d'autant plus studieux qu'ils étaient plus pauvres, et non à ceux qui, riches, n'avaient la plupart du temps ni le talent, ni surtout la sainte passion des lettres, *sancta illa libido qua omnes stimulamur ad navandam operam bonis literis*. Cette préoccupation des besoins intellectuels de l'étudiant pauvre semble n'avoir jamais abandonné Aléandre au cours de sa carrière enseignante. Elle fait honneur au futur bibliothécaire de l'Eglise Romaine, au futur cardinal.

Il annonçait la publication d'une véritable bibliothèque grecque, et cette annonce devait remplir de joie les esprits de cette époque si passionnée pour la science. Il se plaignait pourtant de la faiblesse de l'imprimerie parisienne en matière de typographie grecque. D'avance il s'excusait des fautes inévitables que l'on rencontrerait dans ses éditions. Il tenait à se décharger de ces erreurs auprès de ses élèves de Paris, auprès des Italiens, ses compatriotes, auprès d'Alde Manuce, qui auraient pu juger peu favorablement, ou de son érudition dans les lettres grecques, ou de sa diligence, d'après ces textes d'une correction si rudimentaire. Il prévenait aussi ses auditeurs qu'il corrigerait dans ses conférences publique les lapsus d'impression qui auraient pu échapper à sa vigilance.

Cette préface témoigne qu'il n'avait pas oublié les

liens d'affection qui l'attachaient à Alde Manuce. C'est en termes d'une admiration sincère, à n'en pas douter, qu'il rappelle tout ce que le grand imprimeur avait fait pour les études grecques, tout ce qu'il voulait entreprendre pour les lettres hébraïques, s'il n'en avait été empêché par les guerres qui désolaient alors l'Italie. Il lui fallait aussi ménager les susceptibilités commerciales d'Alde Manuce qui s'était plaint assez vivement des contrefaçons françaises, et spécialement lyonnaises, de ses publications dans son *Monitum in Lugdunenses typographos, Venetiis, XVI martii MDIII* (1504, n. s., sur un feuillet in fol.). Aussi Aléandre prétendait-il n'avoir d'autre ambition en faisant imprimer ces livres élémentaires que de mettre bientôt les ignorants en état de lire les magnifiques éditions aldines. Il terminait en exprimant l'espérance que bientôt on imprimerait en France nombre de textes, sinon avec l'irréprochable pureté du grand imprimeur vénitien, du moins avec une suffisante correction, et qu'ainsi, grâce à ses leçons, grâce à ses éditions, on pourrait bientôt y étudier le grec et peut-être l'hébreu. Aléandre avait pleine confiance dans l'ardeur studieuse de ses élèves pour forcer les imprimeurs à mettre à ces travaux plus de zèle et d'activité.

Voici d'ailleurs la traduction de cette préface :

Jérôme Aléandre de Motta à ceux qui, dans l'université de Paris, recherchent la véritable philosophie, salut.

Lorsque j'étais sur le point d'enseigner publiquement diverses langues dans cette célèbre Université, ce que tout le monde, comme j'ai cru le comprendre, non seulement demandait, mais encore réclamait, rien ne me parut s'opposer davantage à satisfaire les vœux de mes auditeurs et les miens propres que le manque de livres tant grecs qu'hébreux. Pour les livres hébreux, partout il y en a peu ; en France, il y en a très peu et, en dehors de ceux assez nombreux que j'ai apportés avec moi après les avoir réunis à grands frais et à grand'peine, on en pourrait difficilement trouver quelques autres, deux ou trois au plus, et ces livres qu'on a tirés d'un autre pays, j'ai pu, bien qu'ils les estiment comme de la plus haute valeur, les voir, grâce à la bienveillance de quelques hommes de cette cité qui sont savants en d'autres sciences, mais qui sont aussi d'une habileté peu commune dans la langue hébraïque, l'ayant apprise de je ne sais quels maîtres. Je croirais que la cause de cette pénurie de livres hébraïques est que, depuis nombre d'années, ce pays ne cultive plus la langue hébraïque. Cette langue n'étant plus enseignée, les livres ont disparu. Quant aux livres grecs, nous en avons d'excellents venus d'Italie et imprimés en caractères magnifiques, mais à cause de la grande dépense que nécessitent et leur impression et leur transport, ils sont si peu nombreux et si chers que, lorsqu'on en apporte, en quelque nombre que ce soit, c'est à peine s'ils suffisent à trois ou quatre étudiants en langue grecque. Certes, si l'on en apportait en quantité plus grande, ces livres trouveraient aussitôt encore plus d'acheteurs que maintenant. Comme il arrive presque partout, ceux qui, avant tout, veulent étudier, ne voient pas répondre au brillant de leur génie et à l'excellence de leurs intentions une fortune également splendide, et, au contraire, ceux qui ont la faculté de se procurer des livres et tout ce qui est nécessaire pour les études, n'ont ni le talent, ni cette sainte passion qui nous stimule, pourvu que nous soyons réellement des hommes, à donner nos soins aux bonnes lettres. Aussi, pour que l'occasion d'étudier n'échappe à personne, m'a-t-il paru que je ne perdrais pas mon temps si je prenais soin de faire imprimer comme un spécimen tiré de quelque auteur, grec d'abord, car nos imprimeurs n'ont pas encore fait fondre de caractères hébraïques. Ce sera avec certains caractères regardés comme les meilleurs dans cette ville ; ils sont, il est vrai, sans grande beauté, mais cependant nous espérons qu'ils seront utiles. C'est ce que j'ai fait ici avec ces trois écrits de Plutarque, ce très grave écrivain que nous devons expliquer en latin. J'en ferai autant, si le Créateur du genre humain m'accorde sa protection, avec Homère, Euripide, Aristophane, Théocrite, Thucydide, Xénophon, Démosthène, Isocrate, Platon, Aristote, Hippocrate, Galien, Ptolémée, Nicomaque, Aristide, Lucien, Philostrate, Libanius, Basile, Grégoire de Nazianze, Jean Chrysostome, Damascène, et tous ces autres auteurs que notre époque retrouve parmi les théologiens, les philosophes, les médecins, les mathématiciens, les orateurs, les historiens et les poètes. Dans tous ces auteurs nous expliquerons quelque traité, dès qu'il aura été imprimé, pour notre utilité comme pour celle de nos auditeurs, en joignant toujours au grec la traduction latine. C'est ce que Marcus Tullius, cette gloire immortelle du Latium et ce très assuré modèle de nos études, se glorifie de faire, et ainsi il n'a fait que nous engager à mots couverts à agir de même. Je veux d'abord dire dans cette préface que je ne ferai pas avec trop de scrupule un choix parmi les livres que nous avons déjà publiés ou que nous publierons, d'un côté parce que nous regardons comme excellents tous les écrits laissés par les anciens à la postérité que je dois vous faire connaître, d'autre part parce qu'il faut parfois songer aux imprimeurs qui ne s'occupent guère que du lucre et ne veulent pas imprimer aussi facilement qu'on le pourrait croire tout ce qu'on leur propose et ne le font que si le travail leur rapporte un gain immédiat pour lequel il n'est pas nécessaire de faire de grandes dépenses. Nous ne voulons ni ne devons cependant assumer la responsabilité des erreurs de ces imprimeurs, si parfois quelques petites taches offensent le lecteur studieux, car en cette affaire nous ne sommes pas les ouvriers, et nous espérons d'ailleurs que ceux qui liront ce livre seront indulgents s'ils considèrent que cela est propre aux arts de cette espèce, et particulièrement à l'imprimerie. Bien que l'imprimerie, à mon sens, nous ait été donnée par la divinité, toutefois lorsque les caractères sont maniés par la main des mortels et passent par tant de changements, avant que l'on permette l'impression d'une seule ligne, — rien d'étonnant si trop souvent des erreurs, — ces erreurs que, nous autres hommes, nous pouvons à grand'peine éviter, — s'y rencontrent. Ces erreurs dans notre petit livre, à moins que je ne sois trompé par ceux auxquels incombait ce soin, ne sont ni trop grossières, ni, comme je l'espère, *inexpiables*. En partie le lecteur, même à demi-instruit dans la langue grecque, les corrigera de lui-même ; d'autre part, nous les corrigerons avec la plus grande diligence au cours de notre enseignement public. D'ailleurs il s'en faut de beaucoup que je pense avoir entrepris ces travaux pour conquérir quelque gloire. Je le crois si peu que je sais parfaitement (quoi de plus facile à savoir ?), et que j'avoue ingénument, que ce ne sont que des rudiments très faibles composés pour l'utilité seulement temporaire des étudiants. Dans les travaux de ce genre la gloire d'une perpétuelle immortalité est due à Alde le Romain, cet homme si remarquable par son caractère et par sa science. Après avoir d'abord fait revivre la langue grecque presque morte en rendant à la lumière les meilleurs et les plus beaux ouvrages de divers auteurs, il relève maintenant la langue latine en même temps que la grecque avec un admirable succès. Il en ferait autant pour la langue hébraïque, si ces temps de guerre, véritable âge de fer toujours hostile aux Muses, n'y mettaient pas obstacle (1). Je ne voudrais pas seulement que

(1) Il y a eu un Alde juif, Gerson Soncino qui, d'une part, a pu faire de sa librairie le centre des publications hébraïques et fit,

les éditions de nos imprimeurs parisiens atteignent les admirables inventions d'Alde Manuce, je voudrais aussi qu'on croie que j'entreprends ces travaux, afin de paver comme une route qui permette aux ignorants de feuilleter avec plus de facilité les belles impressions d'Alde Manuce. Certes notre première idée a été de rendre cette université plus riche en trésors intellectuels non tant par l'abondance des livres qu'en y enseignant diverses langues et celles-là surtout auxquelles ont été confiés les secrets des sciences. C'est ce que nous avons fait jusqu'ici en particulier et, pour le faire en public, nous avons cru nécessaire non seulement de stimuler les imprimeurs pour l'impression des livres grecs, mais encore de les aider parfois. Si nous parvenons jamais à notre but, qui ne sait que nous servirons en ce point les intérêts, non seulement de la France, mais encore de l'Allemagne et de la Grande Bretagne et des Espagnes elles-mêmes, d'où accourent chaque jour d'innombrables étudiants comme vers le plus vaste emporium littéraire. Mais, si moins de bonheur m'arrive, jamais cependant je ne me repentirai du labeur entrepris, puisque la difficulté est un mérite pour les entreprises, même pour celles auxquelles la nature de la condition humaine n'empêche pas de parvenir. Mais à moins que je ne sois trompé par mon opinion et mon grand désir de réaliser cette espérance, j'ose espérer, bien plus, affirmer avec assurance que, sous peu, non seulement beaucoup de ces petits livres grecs, mais encore des livres hébreux, seront imprimés en France, sinon avec une extrême élégance, du moins avec

d'autre part, concurrence au grand Alde lui-même en imprimant des ouvrages grecs (Jacob Burckhardt, *La civilisation en Italie au temps de la Renaissance*, t. I, p. 372; Steinschneider, *Gerson Soncino, und Alde Manuce*, Berlin, 1858; Gaetano Zaccaria, *Catalogo di opere Ebraiche, Greche, Latine ed Italiane stampate dai celebri tipografi Soncini nei secoli XV et XVI, con brevi notizie storiche degli stessi tipografi dal Cav. Zefirino Re*, Cesenate, Fermo, 1863, une suffisante correction. Aussi bien, avec quelques menues pièces d'argent on pourra acquérir le bagage de quelques livres ; on pourra, d'après nos leçons, apprendre quelle est la façon de parler particulière à chaque auteur, ce que les Grecs appellent ἰδία et chacun, l'ayant trouvée promptement par les auteurs eux-mêmes vus en entier, pourra bientôt courir en pleine liberté, comme dans un champ immense, à travers toute la langue grecque et à travers la langue hébraïque et les langues qui en sont voisines, la syriaque comme la chaldaïque. Combien pareil avantage sera agréable, combien honorable, combien enfin utile au chrétien, qu'il s'occupe des lettres humaines ou des saintes lettres, je le laisse à méditer à ceux qui le savent et ne rougissent pas d'avouer que, par suite de l'ignorance des langues que je viens de nommer, les sciences sont depuis longtemps comme flétries. Ce sont là à coup sûr de grandes promesses. Ces promesses ne manqueront pas d'effet si, lorsque les forces de notre faible esprit et de notre courte science défailleront, vous vous attachiez à cet intérêt commun avec une diligente ardeur. Alors, en gagnant votre dévoué Aléandre par votre affection et par votre bienveillant et nombreux auditoire, et les imprimeurs par quelques faibles pièces d'argent, vous nous rendrez les uns et les autres tout prêts à entreprendre par la suite de plus grandes choses. En vous voyant depuis longtemps enflammés pour ces études et les demandant à grands cris, je crains que bientôt chacun de vous ne me réponde facilement, en changeant quelques mots, ce que l'archer d'Homère répondit à Agamemnon qui lui donnait des conseils : « Pourquoi donc excites-tu maintenant celui qui n'a pas besoin d'être excité ? » Adieu (1).

(1) Rapprocher de l'enthousiasme confiant d'Aléandre la préface de Rabelais dédiant à André Tiraqueau, en juin 1532, l'édition des lettres latines de Giovanni Manardi, médecin de Ferrare. C'est ainsi que Rabelais parle de la renaissance des sciences succédant

A cette première période parisienne de l'enseignement d'Aléandre doivent se rattacher les noms de deux élèves qu'il dirigea sans doute, le premier, du moins, dans ses leçons privées, Guillaume Cop, de Bâle (1), et Ottmar Nachtgall.

En 1506, Guillaume Cop, dans les *Luciani, viri disertissimi, complura opuscula longe festivissima ab Erasmo Roterodamo et Thoma Moro, interpretibus optimis, in Latinorum linguam traducta*, ex officina Ascensiana, ad Idus Nouembr. MDVI, avait déja publié un poème *De senectute ingrauescente deque reliqua*,

au moyen-âge qu'il considère comme une période d'ignorance absolue : « Comment se fait-il, très savant Tiraqueau, qu'au milieu de la lumière qui brille dans notre siècle et lorsque, par un bienfait spécial des dieux *(singulari quodam deorum munere)*, nous voyons renaître les connaissances les plus utiles et les plus précieuses, il se trouve encore çà et là des gens qui ne veulent ou ne peuvent ôter leurs yeux de ce brouillard gothique et plus que cimmérien dont nous étions enveloppés, au lieu de les élever vers la brillante clarté du soleil. » (Cf. Stapfer, *Rabelais*, A. Colin, 1889).

(1) Guillaume Cop *(Guilielmus Copus)*, habile médecin, natif de Bâle, vint en France sous le règne de Louis XII. Il fut médecin de François Ier vers 1530 et laissa divers ouvrages. Dans les *Illustrium virorum epistolae, hebraicae, graecae et latinae ad Joannem Reuchlin*, MDXIX, Hagenoae, ex officina Thomae Anshelmi, on trouvera des lettres de Guillaume Cop à Reuchlin et de Reuchlin à Guillaume Cop. Consulter sur Cop, l'index des *Epistolae* d'Erasme dans l'édition de Leyde, 1703-1706, t. III ; Arnoldi Ferroni Burdigalensis *de rebus gestis Gallorum* libri IX, Lutetiae, apud Vascosanum, 1550, p. 41, recto : « Narrabat Copus Basiliensis, medicus Regi [Ludouico XII] acceptissimus.. » Copus fut encore l'éditeur de : *Galeni de affectorum locorum notitia* libri sex, Guilielmo Copo Basiliensi interprete. Venales habentur in officina Henrici Stephani Chalcographi, e regione Scholae Decretorum, in-4°, Parisiis, et de : Hippocrates, *Praedictiones*, Galeno, Laurentiano et Copo ....interpretibus, Parisiis, Henricus Stephanus. 1516, in-fol. (Cf. M. Pellechet, *Catal. des livres de la biblioth. d'un chanoine d'Autun*, dans *Mém. de la Soc. Eduenne*, t. XVIII, p. 106).

quanta erit, vita Christo dicanda, et Josse Bade, dans son avis au lecteur (fol. XLVII de cette édition), l'appelait *festivissimus et medicorum longe peritissimus* (novembre 1508). En avril 1510, Guillaume Cop publiait une traduction latine des *Praecepta salubria Pauli Aeginetae*, et, dans la lettre dédicatoire de cet ouvrage adressé à Germain de Ganay, évêque de Cahors (1), que nous reproduisons intégralement en appendice, il rendait hautement témoignage à l'enseignement d'Aléandre.

« En voyant l'énorme quantité d'ouvrages anciens et excellents que nous a rendus par son industrie Alde Manuce, cet homme si universellement docte, j'ai pensé qu'il fallait travailler à rendre à la lumière de leur ancienne dignité les vieux auteurs de médecine. J'avais déjà goûté,

(1) Germain de Ganay, évêque et comte de Cahors. La dédicace des *Libri logicorum Aristotelis*, Boetio Seuerino interprete, ordinatore Iacobo Fabro Stapulensi, Parisiis, ex officina Henrici Stephani, MDX, in-fol., est adressée par Lefèvre d'Etaples à Germain de Ganay. On trouvera une préface de Lefèvre d'Etaples à Germain de Ganay, alors « *Consiliarius regius et decanus Beluacensis* » en tête de ses *Commentarioli introductorii metaphysices Aristotelis*, dans *Physici, libri Aristotelis*, Parisiis, apud Simonem Colinaeum, 1531, f° 298, v° (Bibl. de Vitry-le-François, D 1). Autre préface du même au même, même ouvrage, avant les *Dialogi introductionis metaphysicae declaratorii*, f° 292, v°. Dans les *Opera* de Carolus Bouillus, Parisiis, Henricus Stephanus, 1510, in-fol., f. 196, v°, épitre ad... *Germanum Ganaiensem, praesulem Cadurcensem*; dans Jodocus Clichtoveus, *De mystica numerorum significatione*, Parisiis, Henricus Stephanus, 1521, in-fol., f° 1, v° : *Ad reuerendum... D. Germanum Ganayum episcopum Cadurcensem*; dans le Petrus Crinitus, *De honesta disciplina, de poetis latinis*, Parisiis, Ascensius, 1525, in-fol., f° 1, v° : *Jodocus Badius Ascensius... Domino Germano Gannaio nunc Aurelianensi episcopo dignissimo S. D.* Dans le Politianus, *Silva cui titulus Rusticus cum interpretatione Nicolai Beraldi*, Parisis, Ascensius, in-fol., f° 1, v° : *Nicolaus Beraldus obseruando patri Germano Deganeio Aurelio antistiti felicitatem.*

il y a longtemps, en Allemagne, les premiers éléments des lettres grecques avec Mithridate et Conrad Celtès ; j'ai essayé de les cultiver dans l'université de Paris sous ces maîtres très doctes en l'une et l'autre langue, Jean Lascaris et Erasme de Rotterdam. Mais, par suite de leur départ précipité en Italie, j'aurais presque perdu ma peine si je n'avais bientôt rencontré Jérôme Aléandre si savant en grec, en latin, en hébreu, et même habile en chaldéen ; pendant une année entière je l'ai entendu expliquer les poètes et les orateurs grecs (et qui, sans la lecture attentive des auteurs, pourrait se flatter d'apprendre facilement les lettres grecques ?). Il m'a formé par ses préceptes. . . . »

Aléandre répondait aux éloges de Guillaume Cop par une lettre de dédicace qu'il plaçait en tête du traité *de Divinatione* de Cicéron qu'il publia chez Gilles de Gourmont :

Jérôme Aléandre au médecin Guillaume Cop, de Bâle, son ami, salut.

Il existe beaucoup d'ouvrages de Cicéron, et personne ne les a jusqu'ici expliqués publiquement à Paris. Excité par mes auditeurs, je me suis proposé d'expliquer, et j'ai pris soin de faire imprimer, les livres sur la divination, à cette condition que personne ne m'impute les erreurs habituelles des imprimeurs, comme je me rappelle l'avoir entendu faire ailleurs. Tout ce qu'il me revient d'honneur de cet enseignement public, je te l'offre et te le dédie, très docte Cop à la munificence de qui je dois l'influence aimable que j'exerce dans cette ville, si toutefois je plais, — *spiro quod placeo, si placeo*, pour me servir des paroles de Flaccus, — et encore tout mon enseignement tant grec que latin. Il est nécessaire que les écoliers te remercient, toi qui m'as incité, par de longues exhortations, à rester plus longtemps dans cette ville, et à m'y occuper d'enseignement. A qui ce livre pouvait-il être mieux adressé, sous quel autre patronage pouvait-on mieux placer tout ce que nous dirons, en l'expliquant, sur l'astrologie et la divination qu'à Cop qui, le fait est certain, est de beaucoup le premier des astrologues de notre temps, est un médecin très docte et très habile, et possède d'éminentes connaissances dans les deux langues classiques et en toute espèce de sciences ? Je rougirais de ne pas t'adresser de grands présents, si je ne savais, par le témoignage de tous et par une longue expérience, que ta politesse, ta courtoisie ne le cèdent en rien à aucune de tes autres qualités. Adieu.

Quant à Ottmar Nachtgall, il était né à Strasbourg, vers 1480, selon Niceron. Il rendit son nom allemand par le latin *Luscinius* et par le grec Ἀηδών : des vers qu'il fit en 1511 sont signés *Progneus*, et Wimpheling lui donne le nom de *Philomela*. Le 12 juillet 1496, Ottmar Nachtgall (1) était reçu bachelier ès arts *viae modernae* à Heidelberg, et, vers 1508, il vint à Paris où il étudia la philosophie. Fausto Andrelini l'initia à la littérature latine en même temps qu'Aléandre lui enseigna le grec. Cette langue,

(1) Cf. Schmidt, *Histoire littéraire de l'Alsace*, Paris, Sandoz et Fischbacher, 1879, t. II, p. 174 ; P. Ristelhuber, *Heidelberg et Strasbourg, Recherches biographiques et littéraires sur les étudiants alsaciens immatriculés à l'université de Heidelberg*, de 1386 à 1662, Paris, Leroux, 1888, p. 35. Voy. encore sur Nachtgall les *Mémoires* de Niceron, t. 32, p. 289 et suiv ; Brucker, *Miscellanea historiae philosophicae, litterariae, criticae*, August. Vindel., 1748, p. 302 et suiv.; Strobel, *Miscellaneen literarischen Inhalts*, Nuremberg, 1781, t. IV, p. 3 et suiv. Riegger a eu l'intention d'écrire sur Luscinius, mais ne l'a point exécutée : Schœpflin avait réuni quelques données dans son *Alsatia literata*, vol. 2, p. 145.

si nouvelle alors pour les Occidentaux, eut pour le jeune homme un attrait singulier. Il emporta de Paris un ardent amour pour les lettres anciennes, et un profond dégoût pour les exercices de la scolastique. Chaque fois que, dans la suite, les « disputations » dans lesquelles il avait dû figurer, revenaient à sa mémoire, il parlait avec mépris des sophistes parisiens.

Après avoir reçu cet enseignement, Ottmar Nachtgall alla à Louvain où il commença des études de théologie qu'il continua à Padoue, et acheva à Vienne. De Vienne il partit pour l'Orient, traversa la Hongrie et la Transylvanie, s'arrêta en Grèce, passa quelque temps en Turquie et parcourut même une bonne partie de l'Asie. En 1510, on le rencontre à Augsbourg où, chez Conrad Peutinger, il se lie avec le grammairien Jean Pinicianus. En 1514, on le retrouve dans sa ville natale où il devint l'ami de Jacques Sturm, de Nicolas Gerbel, de Thomas Vogler ; il s'attache à Wimpheling et à Brant, et est accueilli avec sympathie par les chanoines de St-Thomas. En mars 1515 le chapitre l'engagea comme organiste avec un traitement de 30 florins par an ; au mois d'août suivant, on affecta à cet office une vicairie devenue vacante. Balthasar Gerhard, le commandeur de Saint-Jean, le pria d'enseigner les bonnes lettres à ses religieux ; il s'établit alors dans un des bâtiments du vaste enclos de l'Ile-Verte et fit, dans les après-diners, un cours de littérature latine.

A Strasbourg, Jean Sturm devait bientôt fonder un collège ; en 1538, il y enseigna avec une telle réputation qu'il fit bientôt, au dire de Schœpflin, de Strasbourg une nouvelle Athènes et une seconde Marseille, et que de tous côtés les étudiants français, anglais, danois, suédois, italiens, polonais, hongrois, allemands surtout, y affluèrent (1) avec cette avidité que l'on apportait alors dans les choses de l'intelligence. Mais, en 1514-1515, le mouvement intellectuel n'était pas encore aussi actif. Aucun des humanistes strasbourgeois ne savait le grec. Luscinius communiqua son enthousiasme pour cette langue aux membres de la Société littéraire. C'est à lui que revient l'honneur d'avoir inauguré à Strasbourg les études grecques. Mais, comme il paraît que sa modestie, qui était un des traits les plus marquants de son caractère, ne lui permettait pas encore d'enseigner lui-même le grec, on fit venir, en 1515, un disciple d'Erasme, Conrad *Mellisipolitanus* (2). Celui-ci eut bientôt de nombreux élèves auxquels il expliqua la grammaire de Théodore Gaza. Afin de concourir pour sa part à ces études dont s'était éprise la jeunesse strasbourgeoise, Luscinius fit plusieurs publications qui comptent parmi les premiers livres grecs imprimés à Strasbourg. Dès le mois de mars 1514, Mathias Schurer, à la fois maître ès arts et imprimeur, avait publié une petite grammaire grecque, suivie des tables d'Aléandre dont nous aurons à parler plus tard, sur les déclinaisons et les conjugaisons. On ne dit pas que Luscinius fut le

(1) Schœpflin, *Alsatia illustrata*, Colmar, 1761, t. II, p. 345 : «....ut alteras Athenas alteramque Massiliam Sturmius Argentinam reddiderit ad quam Galli, Angli, Dani, Sueci, Poloni, Itali, Hungari, confluxere, et praesertim Germani. »

(2) De *Mellisipolis*, Immenstadt, dans le diocèse d'Augsbourg.

promoteur de cette édition, mais il est permis de croire que ce fut lui qui fournit le traité d'Aléandre, dont il avait été l'élève à Paris.

Un peu plus tard, il donna des textes pour exercer les élèves à la lecture et à la traduction. Aujourd'hui on en choisirait d'autres ; mais au commencement du XVIe siècle, il fallait se contenter de ce qu'on avait sous la main. Le premier volume de ce genre que publia Luscinius, fut une édition des *Dialogues des Dieux* de Lucien :

ΛΟΥΚΙΑΝΟΥ ΣΑΜΟΣΑΤΕΩΣ ΘΕΩΝ ΔΙΑΛΟΓΟΙ. *Luciani Samosatensis Deorum dialogi numero 70 una cum interpretatione e regione latina nusquam antea impressi.... Joannes Schottus Argentinae studiosius elaborauit, sed relectos iudica*, 1515, in-4° (1).

C'était une hardiesse d'introduire Lucien dans le cercle des humanistes strasbourgeois. Luscinius qui le sentait, consacra sa préface à justifier son choix. Il exprima à cette occasion quelques principes qui font connaître sa tendance littéraire plus « libertine » que celle de Wimpheling, de Schlestadt, qui appartenait à cet ancien humanisme allemand qui voulait mettre les classiques grecs et latins au service des intérêts chrétiens. Après en avoir appelé à Erasme, afin de prouver

(1) Il paraît probable que Nachtgall fut le maître de Jacques Moltzer (1503-1558) qui fut appelé Micyllus, parce qu'il soutint admirablement le personnage de Micyllus, dans une représentation où l'on récitait un dialogue de Lucien (Cf. Ristelhuber, *Heidelberg et Strasbourg*, Paris, 1888 ; Melior Adamus, t. I, p. 179).

l'utilité des dialogues pour ceux qui veulent se familiariser avec un beau langage, il continue :

« On dira sans doute que c'est de la démence de proposer à des chrétiens des œuvres où il n'est parlé que de divinités fabuleuses et de leurs amours ; je réponds que, si l'on doit se refuser la lecture d'ouvrages où se rencontrent des fables et des turpitudes, il ne faut pas non plus pénétrer trop avant dans les livres des Hébreux. »

Et plus loin il ajoute :

« Que dirais-je des crimes de Sodôme, de l'homicide commis par David et des autres iniquités dont abonde l'histoire des Juifs ? »

Comme le dit Schmidt dans son *Histoire littéraire d'Alsace*, il fallait, en 1515, une certaine indépendance pour parler ainsi de l'Ancien Testament. Wimpheling a dû être étonné en voyant son disciple justifier la lecture de Lucien par celle des livres hébreux.

O. Luscinius dédia à Nicolas Wurmser, doyen du chapitre de Saint Thomas de Strasbourg, ses *Senarii graecanici quingenti*, Strasbourg, Knoblouch, 1515, in-4° ; il publia encore en 1516 une édition des *Erotemata* de Chrysoloras : ΕΡΩΤΗΜΑΤΑ ΤΟΥ ΧΡΥΣΟΛΩΡΑ, *Erotemata Chrysolorae*. A la fin on lit : *Excusus est Chrysoloras formulis Graecis Argentorati in officina Ioannis Knoblouch, calcographi Argentinensis. M.DCCCCC.XVI. Die iij mensis Decembris*. En 1523, il publiait encore : *Progymnasmata graecae litteraturae ab Ottomaro Luscinio Argentino iureconsulto cum accessione auctarii quo docetur qua ratione, citra praeceptoris operam, graece discere possis.... Ioannes Knoblouchus, typis excusis Argentorati*, 1523 ; à la fin : *Argentorati Kalen. a reddita salute 1521*. On trouve dans cet ouvrage une lettre dédicatoire de Luscinius à Jean Botzheim : « Macto virtute.... uiro, Joanni Botzhemio iureconsul. et canonico Constantiensi, Praeceptori et amico suauiss. Ottomarus Luscinius s. d. p. » Toutes ces publications montrent quelle ardente activité cet élève d'Aléandre déploya dans l'enseignement du grec et comment la culture de l'hellénisme à Strasbourg, comme à Leipzig, ainsi que nous le verrons par la suite, se rattache directement à l'enseignement parisien d'Aléandre (1).

Il n'est que temps de revenir à Aléandre. Nous trouvons la preuve de la célébrité qu'avait presque immédiatement conquise Aléandre parmi les étudiants parisiens dans une préface que mettait en tête d'un *Strabon* (2), en février 1510, l'un de ses premiers élèves, Theobald Pigenat. Voici la traduction de cette préface où nous apprenons qu'Aléandre enseigna la cosmographie :

(1) Voy. l'excellent *Catalogue des livres de la bibliothèque d'un chanoine d'Autun, Claude Guilliaud*, dans les *Mémoires de la Société Eduenne*, t. XVIII, p. 126 et 211. Ce travail de Mlle Pellechet mentionne encore dans Haymo, *Expositio in divi Pauli epistolas*, Argentinae, Renatus Beck. 1519, fo 1, vo : Ottomarus Luscinius iuris pontificii docto..... Sixto Hermanno parocho diui Thomae Argentinen. s. d. p. (*Mémoires de la Société Eduenne*, t. XVIII, p. 99-100).

(2) Nous avons rencontré cette édition de Strabon dont l'*explicit* est ainsi libellé : *1510. decimo Kalendas februarii*, à la Bibliothèque de Châlons-sur-Marne. Ce livre se trouve aussi à la Bibliothèque de Versailles (XVIe siècle, no 205), ainsi que nous l'a signalé M. Pierre de Nolhac. Nous reproduisons en appendice le texte de cette lettre dédicatoire de Théobald Pigenat à Aléandre.

Je sais quelle joie éprouvent non seulement tous tes élèves, mais aussi tous les amis des bonnes lettres, lorsqu'ils entendent louer par tous la grandeur de ton érudition avec tant d'estime. On en est venu à cette admiration dont parle Musonius Gellianus qui a besoin, non de mots, mais de silence. Nous nous glorifions de posséder un tel spécimen de science, un maître doué d'une si sage éloquence en qui tout le cercle des connaissances que les Grecs appellent ἐγκυκλοπαιδεία se trouve dans une si complète perfection. A ce savoir s'ajoute une telle multitude de vertus qu'on peut dire en toute vérité que, de même que, dans un chant harmonieux, divers accords se réunissent pour former une harmonie plus parfaite, de même tout ce qui peut parfaire un homme, avec les nombres, pour ainsi dire, de la sagesse et de la gloire, brille en toi dans une visible union. Par toutes ces qualités sans aucun doute tu t'acquiers la véritable immortalité. Si telles sont les vertus par lesquelles, selon la pensée de notre Théocrite,— le charme et le modèle du poème bucolique, — l'homme parvient à cette véritable gloire que personne d'honnête ne peut diminuer, je ne veux pas qu'on me reproche de ne pas répondre à ce que réclament ces vertus, quoiqu'une occasion favorable parut s'offrir à nous, soit parce que je sais que tu n'es pas du tout désireux de la louange, soit parce qu'il était préférable de recouvrir ces vertus comme du voile du silence, de peur qu'elles ne soient diminuées par notre frivole éloquence. J'ai suivi en cela l'exemple du fameux peintre Timanthe. Dans une peinture ou il représentait le sacrifice d'Iphigénie, il n'était pas parvenu à rendre toute la cruelle et immense douleur d'Agamemnon. Il lui voila le visage. Il laissait ainsi à ceux qui regarderaient son tableau, beaucoup plus à imaginer que ne montrait le tableau. C'était, d'ailleurs, l'un des traits de son talent. Dans un autre tableau, ce même peintre avait représenté un gigantesque cyclope qui dormait. Des satyres en se jouant mesuraient avec des thyrses les phalanges de ses doigts. De même lorsque je vois et lorsque je m'assure que tout en toi est à ce point parfait que mes thyrses, si grands qu'ils soient, n'atteignent pas même la plus petite partie de ton mérite, je laisse à d'autres à faire ton éloge. L'Italie t'a déjà apprécié ; c'est maintenant la France qui t'apprécie. Elle n'attend pas d'autre restaurateur et d'autre défenseur des lettres ; c'est sur toi qu'elle compte pour débarrasser de leur rouille les lettres latines et leur rendre leur splendeur éteinte depuis bien des années ; c'est sous ta direction et grâce à toi que les lettres grecques presque mortes pourront revivre. Espère donc, pontife très vénéré des Muses, que la France se souviendra à toujours de ton nom et de tes services. Et ce ne sera pas à tort. Tu sais quelle grande opinion tu nous as donnée de toi. Tu la réalises avec d'autant plus de soin et de zèle que tu nous vois comme suspendus avec plus d'ardeur à tes leçons et grecques et latines d'où jaillit une érudition si multiple, une éloquence si forte et si variée : ces leçons sont de véritables aliments pour les esprits, de véritables secours apportés aux lettres en décadence. De ton propre mouvement, en outre, tu t'es passionné pour donner aux intelligences de bienveillants encouragements en préparant soigneusement et avec habileté un abrégé à qui je souhaite le succès, afin qu'il y eût un chemin plus facile pour ceux qui cherchaient avec une soif ardente la source sacrée des lettres.... Qu'on sache que c'est aussi grâce à toi que les éléments des études latines sont devenus plus accessibles. En effet, l'année dernière, après avoir expliqué en public divers orateurs et divers poètes, grecs ou latins, tu as enseigné, sur les instances de l'Université toute entière, la cosmographie (1) au milieu d'une assemblée très distinguée

(1) Cet enseignement de la cosmographie, de la géographie explique qu'Aléandre ait pu offrir par la suite, en 1514, à Etienne Poncher « deux cartes, l'une du monde, l'autre de l'Europe », *duas mappas, alteram mundi, alteram Europae* » (cf. Henri Omont, *Journal autobiographique du cardinal Jérôme Aléandre*, Paris, Imprimerie nationale, 1895, p. 24). Ces cartes lui avaient

et devant un auditoire considérable. Cette science a conquis une grande autorité parmi nous. On l'a fort goûtée ; on l'a jugée très utile à toutes les études et nécessaire pour avoir l'intelligence de ces aménités des poètes qui enveloppent de leurs déguisements toutes les parties de la philosophie. Et c'est avec raison. En effet, non seulement nous consisérons comme honteux et misérable d'ignorer la situation des lieux que nous habitons ; mais nous savons que ceux qui ignorent cette science et qui entreprennent d'interpréter les poètes, imaginent de multiples et monstrueuses erreurs et luttent, pour ainsi dire, à la façon des andabates (1). Aussi les libraires ont-ils bientôt pensé à préparer un Strabon. Cet écrivain est, en général, très savant ; il est très entendu dans ce genre particulier de connaissances. Il était sur le point d'être complètement imprimé. Tu m'as alors chargé de disposer dans un index alphabétique les notes qui avaient été mises en marge ; de cette façon cet index pourra être consulté même par ceux qui sont peu instruits. J'aurais assurément accepté de très mauvaise grâce ce labeur et j'aurais déclaré que j'étais inférieur à cette tâche lorsque j'ai vu que les textes, même imprimés à Venise (2), étaient altérés et différaient parfois entre eux

sans doute été utiles pendant son enseignement. On sait que l'Italie a été « longtemps le principal centre de la littérature cosmographique » et que « dans la première moitié du seizième siècle ce pays l'emporte sur les autres pays par ses cartes et ses atlas » (cf. Jacob Burckhardt, *La Civilisation en Italie au temps de la Renaissance*, Paris, Plon, 1885, t. II, p. 5). Ces cartes d'Aléandre offertes à l'évêque de Paris étaient très vraisemblablement d'origine italienne.

(1) Les *andabatae* étaient « une classe de gladiateurs qui combattaient les yeux bandés ou avec un casque fermé sans ouverture dans la visière. » Cf. Anthony Rich, *Dictionnaire des antiquités romaines et grecques*, Paris, Didot, 1861, p. 33.

(2) Strabon avait été édité à Venise en 1472 : *Strabonis geographiae libri XVII, cum praefatione Andreae Aleriensis*, Venetiis, per Vindelinum de Spira, 1472, in-fol. (Cf. Laire, *Index librorum ab inventa typographia ad annum 1500*, Senonis, apud Tarbé, 1791, p. 287.

dans les noms de lieux et de villes qui nous occupent principalement. Ces passages ne doivent ni ne peuvent être modifiés ou corrigés sans la vénérable autorité d'un manuscrit grec qu'il est difficile de trouver. Mais j'ai voulu que tu comprennes que j'étais à toi à ce point que je pensais te devoir non seulement ce que je pouvais, mais encore ce que je ne pouvais pàs..... Il faut en finir avec ce sujet pour ne pas être importun. Je ne rougis pas de t'offrir ce petit travail, à toi, ô Jérôme, le maître des lettres, dont le nom qui est celui d'un saint (1), est respectable, ainsi que toutes les autres qualités. Les dieux ne sont pas moins propices à ceux qui les honorent avec de la farine qu'avec de l'encens; bien souvent même ils se montrent plus indulgents pour ces humbles adorateurs. Aussi ai-je pensé que je pouvais publier ce livre avec ton nom, afin qu'on puisse te remercier des services qu'il pourra rendre....

Aléandre avait cherché à réaliser immédiatement l'immense programme de publications grecques et latines qu'il avait exposé dans son édition des traités de Plutarque. En mai 1509, il donna successivement au public deux discours d'Isocrate, le *Discours à Nicoclès sur la royauté* et le *Discours à Démonique sur l'éducation*. En 1510, il publiait un *Alphabet grec et hébreu* et

(1) Alde, comme on sait, avait dédié à Aléandre son édition de l'*Odyssée* de 1504 et, dans sa lettre dédicatoire, il avait félicité le père d'Aléandre d'avoir placé son fils sous le patronage de saint Jérôme dont Aléandre était l'émule par sa science et ses vertus (cf. E. Jovy, *François Tissard et Jérôme Aléandre*, 1er fascicule, Vitry-le-François, Denis 1899, p. 79, et *Mémoires de la Société des Sciences et Arts de Vitry-le-François*, t. XIX, p 394.) Le souvenir de cette préface aldine paraît avoir inspiré à Théobald Pigenat ces mots : «.... *cui ut nomen venerandum, quod sacrum, ita....* »

des *Opuscules* de Lucien (1). Il s'occupait en même temps de l'édition de quelques textes latins. La première de ces éditions d'auteurs latins semble avoir été celle des *Sylves* de Stace dont l'épître dédicatoire (2) s'adressait « au jeune et très illustre Louis de Bourbon de Vendôme (3). » « Le 13 janvier 1510, Aléandre écrivait la

(1) Cf. J. Paquier, *Jérôme Aléandre* (1480-1529), p. 67 ; H. Omont, *Essai sur les études de la typographie grecque* (1507-1516, p. 25-26.

(2) M. l'abbé Paquier, dans *Jérôme Aléandre* (1480-1529). Paris, Leroux, 1900, p. 71, résume ainsi cette épître dédicatoire : « Sur la demande des imprimeurs, Aléandre a cherché un prince à qui dédier les *Sylves*. La richesse, l'amour des lettres et de l'étude, la noblesse du sang, tout lui a désigné Louis de Bourbon. C'est sous sa protection que cette édition va paraître : c'est sous sa protection aussi qu'Aléandre veut commencer à faire des cours sur l'auteur. Toutes les œuvres de Stace sont excellentes ; pourtant, tandis que l'*Achilleide* est inachevée et la *Thébaïde* trop tourmentée à force de travail, les *Sylves* seules sont d'une facture à la fois parfaite et facile : c'est l'œuvre où Stace a condensé tout son génie poétique. Aussi après les divins poèmes de Virgile, les *Sylves* sont-elles l'œuvre qui devrait le plus se trouver entre les mains des jeunes gens. Les poèmes de Virgile sont propres à former un esprit dans l'enfance et qui a encore besoin de lait ; les *Sylves* rendent plus robustes des cœurs de jeunes gens ; Virgile est le pain dont on ne saurait jamais se passer ; les *Sylves* rappellent la variété des mets. Parmi les jeunes gens de talent et bien doués pour la poésie, plus d'un s'est arrêté en chemin pour ne s'être pas essayé d'abord dans de petits poèmes de ce genre. Ce n'est pas ainsi qu'agissaient les anciens : avant de chanter la guerre, Homère s'amusait aux combats des rats et des grenouilles ; avant d'aborder les grands sujets, Virgile, selon le mot de Martial, « pleurait un moucheron ». Enfin, non seulement les *Sylves* possèdent l'élégance et la variété, mais elles ne contiennent rien que de chaste, de pieux et de conforme aux bonnes mœurs. »

(3) Louis de Bourbon-Vendôme avait fait ses études au collège de Navarre. Il y fit preuve d'un grand goût pour apprendre. Il fut sacré le 3 mai 1517 en l'église Sainte-Catherine du Val des Ecoliers, à Paris. Il fut fait cardinal au mois de juillet suivant. Il occupa successivement, après Laon, les sièges épiscopaux de Luçon, de Tréguier et du Mans, et l'archevêché de Sens.

préface d'une édition des œuvres de Salluste (1). Alde avait édité Salluste au mois d'avril 1509; vraisemblablement, Aléandre avait coopéré à cette édition : il la prit pour fondement de la sienne. L'épître dédicatoire en est adressée à François Poncher. Après l'éloge de François et d'Etienne Poncher, Aléandre dit qu'il est très difficile de se procurer en France l'édition « de son cher Alde » ; mais François Poncher n'a pas voulu souffrir que Salluste ne fût pas à la portée de tout le monde. Il a confié à Aléandre le soin de l'éditer. Aléandre a comparé l'édition Aldine avec un manuscrit « d'une vénérable antiquité » que lui a communiqué Paul Emile, et il a donné à Josse Bade l'exemplaire ainsi revu. Par cette publication, il espère être agréable aux hommes d'étude, et plus encore aux hommes de cour qui, de la sorte, pourront lire « le prince de l'histoire romaine ». (2)

Nous devons signaler ici quatre lettres qui se rapportent à ce premier séjour d'Aléandre à Paris. « Les deux premières (3) sont du 5 juin 1510. Dans l'une, adressée à un confident de Louis XII, vraisemblablement au chancelier

(1) Sur cette édition, cf. J. Paquier, *Jérôme Aléandre, (1480-1529)*. p. XII-XIII et p. 72 et 80. M. Paquier indique les références suivantes : A. Horawitz, *Analekten zur Geschichte des Humanismus in Schwaben, 1512-1518* ; dans *Sitzungsberichte der Wiener Akad.* Ph. Hist. Kl. t. LXXXVI (1877), p. 258 : Badius Ascensius à Michel Hummelberger, 10 oct. 1513 ; Panzer, *Ann. typ.*, VIII, p. 4, n° 680 ; Schweiger, *Handbuch der classischen Bibliographie*, Leipzig, 1834, II, 870 ; Graesse, *Trésor des livres rares ou précieux*, VI, 237.

(2) J. Paquier, *Jérôme Aléandre (1480-1529)*, Paris, Leroux, 1900, p. 72 et 80.

(3) Nous empruntons ces détails à M. J. Paquier, *Jérôme Aléandre*. (1480-1529), Paris, Ernest Leroux, 1900, p. 42, à l'exception de la traduction de la lettre d'Aléandre à Paul Emile.

Jean de Ganay (1), il parle de l'incendie d'une école ; il demande à son correspondant d'obtenir du roi la prolongation des secours destinés à réparer les pertes (2). L'autre lettre du même jour, plus longue et plus intéressante, est adressée à Paul Emile (3). Le roi était alors sur la fin d'un voyage qu'il faisait de Paris à Lyon en passant par la Champagne et la Bourgogne (4), et l'historien l'accompagnait. Aléandre lui écrit une lettre pleine d'enjouement et d'entrain*», dans laquelle il fait l'éloge de sa demeure à Paris, et il ne semble pas qu'à cette époque il habitât au collège des Lombards :

Jérôme Aléandre à Paul Emile, salut.

J'ai reçu ta lettre, certes fort agréable, excepté en cela que je n'approuve pas beaucoup certaine tactique épistolaire, surtout lorsque cette lettre vient de la cour où l'on ne manque jamais de matière pour écrire. Car ce n'est pas seulement l'Afrique, c'est encore la cour qui toujours apporte quelque chose de nouveau, et surtout, surtout, lorsque le correspondant est Paul Emile sur les lèvres duquel abondent éternellement des paroles semblables aux blancs flocons de l'hiver. De toutes façons cependant j'admets que tu n'as pas pu à cause de tes occupations et que tu n'as pas voulu, dans ta sagesse, rebattre, par une longue lettre sur les plaisirs de la fortune (c'est ainsi que

(1) P. Anselme, VI, 412 (J. Paquier, *loc. cit.*)

(2) Ms. Vat. lat. 3913, f. 1, v° (minute autogr. d'Aléandre) (J. Paquier, *loc. cit.*)

(3) Ms. Vat. lat. 3913, f. 1 v° (minute autogr. d'Aléandre) ; Barberini XXX, 126 (copie). (J. Paquier, *loc. cit.*)

(4) Le Glay, *Négociations diplomatiques entre la France et l'Autriche*, Paris, 1845, in-4°, t. I, p. 335-347. (J. Paquier, *loc. cit.*)

j'ai coutume d'appeler les choses de la cour), les oreilles des philosophes, interrompre leurs études, enfin troubler leur profonde tranquillité et leur bonheur trois fois désiré. Car c'est ce que vous m'écrivez, toi et le chancelier, ton Mécène (1). Aussi ces éloges font-ils que je me demande souvent pourquoi vous n'échangez pas le fardeau des affaires pour cette tranquillité philosophique ; mais le commerçant qui redoute le vent d'Afrique, qui lutte contre les flots de la mer Icarienne, loue la tranquillité et les champs de sa patrie, et pourtant bientôt il radoube son vaisseau. Souvent, en parlant de toi avec Simon (2), je me suis laissé aller à dire : « Certes c'est un homme bien curieux que Paul Emile : il devrait rechercher le repos pour cultiver les lettres, et surtout à cause de son âge déjà avancé, et il tente ce qu'à peine pourraient tolérer des hommes jeunes, d'un âge et d'un tempérament plus solides. » Pourquoi, — puisque tu nous considères comme des gens heureux, — ne viens-tu pas éplucher nos légumes avec nous ?

Nous avons, et tu n'as pas daigné la visiter pendant ton séjour à Paris, ô homme devenu trop attaché à la Cour, une maison fort agréable, et cela dans cette cité si popu-

(1) Ce chancelier est peut-être Jean de Ganay. Ce fut par les conseils de Jean de Ganay que le roi Charles VIII donna un heureux commencement à ses conquêtes du royaume de Naples où il accompagna ce prince en 1495 et où il fut choisi pour être son chancelier. Le roi Louis XII l'honora en 1505 de la charge de premier président au Parlement de Paris et de celle de Chancelier de France le 31 janvier 1507. Il mourut à Blois en 1512. Son corps fut transporté à Paris dans une chapelle qu'il avait fait bâtir et fondée dans l'église de Saint-Merri. Dans cette chapelle était un ancien tableau à la mosaïque qui représentait la Vierge avec ces mots : *Dominus Ioannes de Ganai, praesidens Parisiensis, primus adduxit de Italia Parisium hoc opus mosaicum.* — Aléandre veut peut-être encore désigner Etienne Poncher, évêque de Paris et chancelier de Milan, qui devait avoir besoin des bons offices de Paul Emile pour ses affaires en Italie et en cour de Rome.

(2) Simon était le neveu de l'historien Paul-Emile.

leuse. Cette maison, il est vrai, n'est pas vaste comme un palais; mais cependant elle suffit à nous loger à l'aise ; elle n'est pas pourvue des ornements de la cour, mais de livres ; elle n'est pas somptueuse, et cependant elle n'est pas sordide. Elle est pleine enfin de tous les biens, excepté de ceux de la fortune, et elle en est peut-être plus agréable aux Muses qui n'ont jamais eu commerce avec la fortune. Enfin, si tu veux venir, tu seras dans ma maison, non pas comme un hôte ou quelqu'un de mes amis, mais comme le maître même de céans. En attendant je me réjouis d'en être le maître, mais seulement pendant ton absence, car au lever du soleil pâlit le cercle blanchâtre de la lune. Mais laissons là les plaisanteries : je me réjouis de ce qu'après avoir parcouru une grande partie de la France, tu t'es enfin arrêté en bonne santé dans une situation stable. Je ne vois pas bien moi-même ce que peut être la stabilité dans cette ville où tout s'agite dans un perpétuel mouvement. Je me réjouis que Lascaris soit parmi vous et y soit connu, pourvu qu'on l'apprécie, comme le mérite ce grand homme. Quand la pudeur, et cette sœur de la justice, l'incorruptible bonne foi, et la simple vérité, ajoute aussi la science non banale, rencontreront-elles un homme qui soit son égal ? Je me sers ici avec plaisir des aimables mots d'Horace. Je t'en prie, salue en mon nom Lascaris et remercie-le, car j'apprends qu'en me recommandant, il a réuni quelques jeunes gens qui doivent être ici mes pensionnaires. Bien que je n'en aie encore vu aucun, je remercie cependant l'homme éminent qui, parmi tant de professeurs de lettres, m'a choisi comme celui auquel on pouvait recommander les jeunes gens qui poursuivent l'étude des lettres. Certes je dois à Lascaris de la reconnaissance pour beaucoup d'autres motifs, mais surtout pour celui-ci, qu'ayant en cette ville beaucoup de vieux amis, il a cependant préféré mon respect à son égard, et en cela je ne le cède à personne, à d'anciennes amitiés. Je voudrais que, pourvu que cela se fît selon ses intérêts et son honneur, Lascaris fut ici, non cependant sans Paul Emile pour Thésée (1). Je jouirais un peu plus librement du commerce de ce grand homme qu'il ne m'a été permis d'en profiter en Italie, lorsqu'il était préoccupé par de graves soucis, c'est-à-dire par les affaires du roi. Si cela m'est refusé, du moins écris-moi, je t'en prie, et à ton sujet et sur Lascaris lui-même, mon cher Paul Emile, un peu plus souvent. Alors je ne te reprocherai plus la brièveté de tes lettres, quand tu m'écriras au sujet de votre bonne santé, de vos espérances, de votre fortune, en un mot de toutes vos affaires, pourvu que tu m'écrives plus souvent. Pour moi, lorsque j'aurai quelques loisirs (car chacun de nous roule son rocher, et chaque jour je le fais), je t'écrirai et bientôt, comme je l'espère, pourvu que notre Simon qui, à cause de toi, voit d'un meilleur œil ce commerce épistolaire, prenne soin d'envoyer ces lettres. Pourtant, je le crains, il est tellement adonné aux lettres que déjà il estime peu ces devoirs de politesse. Et vraiment il étudie avec une telle persévérance que j'oserais promettre que sous peu tu verras en lui quelqu'un qui aura fait des progrès dans les deux langues, sinon autant que tu l'espérais, du moins assez pour ne pas te mécontenter. Mais je crains de dépasser les bornes d'une lettre, et il est, je le crois, aussi peu convenable d'être asiatique, lorsqu'une

(1) Cette expression se rencontre fréquemment chez les latinistes de l'époque. Aléandre l'emploie dans une lettre à Michel Hummelberger, d'avril 1511, que nous traduisons plus loin. Elle fait allusion au voyage de Thésée aux Enfers en qualité de compagnon de Pirithoüs. (Cf. Robertus Stephanus, *Thesaurus linguae latinae*, Basileae, 1741, sub verbis *Pirithoüs* et *Theseus*). L'expression « fidus Theseus » se trouve dans Stace, Silves, IV, 4, 104. Rapprocher ces mots de Budé (Budaei *Opera*, Basileae, 1557, p 510) dans la dédicace de sa traduction du *De placitis philosophorum naturalibus, ad Germanum Ganeium, Parliamentarem consiliarum, Belvacensis ecclesiae decanum : « Confido.... te.... candide, de toto opere arbitraturum si praesentem non sine Theseo, ut aiunt, tuo legeris, id est, si Joannem Guacierum adhibueris, virum cum humaniorum disciplinarum peritum, tum vero theologorum decus.... Parisiis, cal. Jan. MDII.»*

magnifique matière fait défaut, que d'être laconique, lorsque les sujets abondent. Paris, aux nones de juin 1510 (1).

« La troisième lettre écrite d'un grec facile et savant est adressée à Michel Hummelberger. Aléandre remercie Michel Hummelberger de la lettre qu'il lui a écrite, et il l'engage à lui écrire encore. Il lui parle d'une édition d'Ausone qui, l'année suivante, devait paraître chez Josse Bade : il n'y a encore rien de fait parce que Josse voyage en ce moment dans les Flandres (2). »

« La dernière lettre est adressée à Pietro Bonomo, évêque de Trieste (3). Ce personnage occupait une place considérable dans l'Empire (4). Aléandre ne le connaissait pas ; mais il avait étudié quelque temps à Venise en compagnie de son frère Francesco, et, d'après ce que lui avaient dit ses parents, il y avait entre les Aléandre et les Bonomo, d'anciens liens de parenté. Or, au mois

(1) C'est à cette époque, juin 1510, que, d'après Panzer, parut une *Ilias*, une traduction latine probablement, publiée par Fausto Andrelini, chanoine de Bayeux, chez Badius, in-fol. Cette *Ilias*, si elle existe, serait bien curieuse et bien intéressante à étudier.

(2) Munich, *Bibl. royale*, ms. lat. 4007, f. 320. Dans la vie de *Michel Hummelberger*, A. Horawitz n'a publié que des lettres latines. Cette lettre, du 15 de mémactérion est donc du 15 septembre (cf. Legrand, *Bibliographie hellénique* (1885), I, p. CXXXIV), et très probablement de 1510 (J. Paquier, *loc. cit.*)

(3) Ms. Vat. lat. 8075, f. 232 v°. Sans date (fin de novembre 1510 (J. Paquier, *loc. cit.*)

(4) Ughelli, *Italia sacra*, V, p. 503 ; Gams *Series Episcoporum*, p. 319. Voir aussi A. Wrede, *Reichstagsakten unter Zeit Karl's V*, t. II, Gotha, 1896, in-4°, p. 94, etc. (J. Paquier, *loc. cit.*)

de septembre 1510, Matthieu Lang, évêque de Gurck (1), vint en France au nom de Maximilien ; il était chargé de renouveler la ligue de Cambrai et d'obtenir de Louis XII quelque assistance pour l'empereur, dont les affaires n'allaient pas aussi bien que celles de la France en Italie (2). »

« La cour était alors à Blois. Lang y resta une partie de l'année et, vers la fin de novembre, il passa à Paris pour retourner en Allemagne. Aléandre crut pouvoir aller lui présenter « sa petite offrande et quelques grains d'encens, c'est-à-dire lui faire l'hommage absolu de sa personne, comme un esclave à son maître. »

« Dans un si grand concours de princes, apportant des présents de toute sorte », la petite offrande fut favorablement agréée : Aléandre ne sait comment en exprimer sa joie, et rendre l'admiration qu'il ressent pour l'ambassadeur : « Plus je le regardais, plus je croyais voir « le visage et le port d'un dieu ». Son regard brillait d'un tel éclat, il y avait une telle majesté dans ses traits et dans tout son maintien, que je n'ai pas souvenance d'avoir contemplé homme plus aimable, plus charmant et plus beau. Mais, comme Socrate, je désirais l'entendre, afin de le mieux voir ; lorsqu'il prit la parole, s'exprimant en latin, « la parole insinuante de

(1) Sur lui, voir Ulmann, *Kaiser Maximilian I*, Stuttgart, Cotta, in-8°, I (1884), 810 et suiv. et sur la présente ambassade, II (1891), 410 et suiv. (J. Paquier, *loc. cit.*)

(2) Le Glay, *Negociations*.... (1845), I, p. XXI. 359. C'est aussi pendant cette ambassade que devait se décider la convocation du Concile de Pise. (J. Paquier, *loc. cit.*)

Nestor, l'abondance d'Ulysse, la grâce du jeune Atride » pâlirent devant la facilité, l'à-propos, l'agréable enjouement de son langage. Je ne crus pouvoir le comparer qu'à Périclès, qui, selon le mot d'Eupolis, « seul de tous les orateurs, enfonçait son dard dans l'esprit de ceux qui l'écoutaient. » Bref, sa conversation insinuante a produit sur moi l'effet du lotus sur les compagnons d'Ulysse : oublieux de mes livres et de la charge d'enseigner que j'avais prise dans cette très scolastique académie, je partais avec Lang, si, le jour même, une lettre du grand chancelier de France ne m'avait dit de rester : cet homme, à qui je dois beaucoup me défendait de quitter Paris sous aucun prétexte. Il avait entendu dire qu'à cause du manque d'élèves que la peste avait fait s'éloigner, j'avais conçu je ne sais quel dessein de quitter la France.»

Ensuite, Aléandre raconte à Bonomo comment il a été amené à lui écrire ; Lang l'y a engagé, et il s'est offert à porter la lettre lui-même ; de peur d'incommoder un si grand personnage, Aléandre la lui fait remettre par François Médulla(1). « Prélat plein de doctrine, de bonté et de douceur, lui dit-il, recevez donc

(1) François Médulla, l'un des amis d'Aléandre. Cf. sur ce personnage J. Paquier, *Jérôme Aléandre* (1480-1529), p. 45, 91, 105 ; *Jérôme Aléandre et Liège* (1896), p. 33, 37, etc ; Henri Omont, *Journal autobiographique du cardinal Jérôme Aléandre (1480-1530)*, Paris, 1895, in-4°, p. 26 ; Ms. Vat. 8075, f. 232, v°. M. Paquier n'a rencontré aucun renseignement sur ce Médulla dont Aléandre dit à Bonomo : « Qui apud inuictissimum Caesarem pro christianissimo Rege oratorem gesturus se confert. » Cependant, d'après M. de Maulde la Clavière, il n'aurait jamais figuré parmi les vrais ambassadeurs de Louis XII. Il était en relations avec le prince-évêque de Liège, Erard de la Marck, chez qui il devait faire rentrer Aléandre.

comme votre petit esclave Jérôme Aléandre, qui enseigne à Paris les lettres hébraïques, grecques et latines ; avec hardiesse et labeur, comme je ne le sens que trop moi-même, non sans succès ni sans gloire, comme le disent ceux qui peut-être ont trop d'affection pour moi ; recevez-le, et gardez-le à jamais comme un parent — (si vous voulez bien me permettre ce titre), comme un client, comme un esclave, comme un être qui, corps et âme, vous appartient tout entier. Que si, quelque jour, il lui arrivait de partir pour la cour, ne dédaignez pas, je vous en prie, de le recevoir avec bienveillance, et maintenant qu'il vous est recommandé, de le recommander chaleureusement à votre tour à l'évêque de Gurck. »

II

Aléandre à Orléans

(10 Novembre 1510-12 Juin 1511)

La lettre précitée d'Aléandre à Pietro Bonomo nous a appris que l'Université de Paris était toute dépeuplée vers la fin de 1510. Il était survenu une épidémie (1) à laquelle les craintes populaires n'hésitaient pas à donner

(1) Du Tillet, *Recueil des roys de France, leurs couronne et maison (Chronique abrégée des roys de France)*, Paris, Abel l'Angelier, 1607, p. 147 : « Il couroit lors vne maladie d'estourdissement de teste en France qu'on nommoit la coqueluche. » — « Il male non era veramente Peste.... Qual sorta di malattia appiccaticcia

le nom, alors toujours applicable, de « peste ». Malgré la défense qui lui avait été faite par le chancelier Jean de Ganay, Aléandre, effrayé, songea à se réfugier à Orléans. Dans une circonstance toute semblable, Erasme qui tremblait quand on parlait de mort, s'y était aussi retiré, et il avait dû plaider par devant Fausto Andrelini, le « poète royal », la cause de sa bravoure très suspectée par ce faiseur d'hexamètres courtisanesques. « Ne rien craindre », lui répondait Erasme, « cela peut convenir aux souches, mais non pas aux hommes (1). » Aléandre était apparemment du sentiment d'Erasme.

Ce fut le dimanche matin, 8 décembre 1510, qu'Aléandre quitta Paris pour venir à Orléans, où l'appelait, à des

fosse questa, non mi e riuscito di poter precisamente risapere, quando non vogliasi che fosse quella della quale fanno menzione gli Storici di Francia all' anno 1510 e che consisteva in certo mal d'occhi, per cui tutti dovevano andar involuti con penni la testa, e ben coperti, e che percio si chiamo la *cucullata* ed in Francia *coqueluche*, e fu quasi universale per tutta la Francia in qualche luogo piu, ed in qualch' altro meno, secondo la dispozizione dell' aria e la situazione de luoghi. » (Gian Giuseppe Liruti, *Notizie delle vite ed opere scritte da letterati del Friuli*, Venise, 1760, t. I. p. 466 et suiv). — La maladie devant laquelle avait fui Aléandre nous paraît avoir quelques rapports avec *l'influenza*. On trouvera quelques indications médico-historiques dans Ozanam, *Histoire des maladies épidémiques*, et dans Thompson (E. Symes), *Influenza, or Epidemic Catarrhal Fever, an historical survey of past epidemies in Great Britain, from 1510 to 1890, being a new and revised edition of* Annales of Influenza, *by Theophilus Thompson*, London, Percival, 8°, p. 3 et suiv.

(1) « Puer meus tuo iussu tuisque verbis formidolosum me appellauit, quod, ob nescio cuius pestilentiolae metum, solum verterem. Non ferendum conuicium, si quidem in militem dicatur. At in hominem poeticum, ocii umbraeque amantem, neutiquam haeret, quanquam huiusmodi in rebus nihil formidare equidem non strenui hominis, sed stipitis esse duco. » (Erasme à Fausto Andrelini).

conditions très honorables, Pyrrhus d'Angleberme, régent et alors recteur de l'Université de lois (1). Il arriva dans cette ville avec Simon, le neveu de Paul-Emile, le mardi, à huit heures du matin. A quatre heures de l'après-midi, il se rendait avec Simon, chez Pyrrhus d'Angleberme, qui, d'après un écrivain orléanais, « habitait dans une maison appelée la Roche-au-Comte, rue du Poirier, derrière Saint Liphard (2). »

Pyrrhus, qu'Aléandre appelle dans ses notes (3) « un excellent homme, un jurisconsulte très cultivé », — *vir optimus et jurisconsultor elegantissimus*, — l'avait demandé pour apprendre le grec. Il s'était engagé à loger le célèbre humaniste, à le nourrir avec son domestique — *cum famulo* —, et à lui donner 20 écus d'or soleil du 10 décembre au jour de Pâques. L'écu soleil valait 27 francs de notre monnaie. C'était un assez beau commencement.

Orléans était alors un centre glorieux d'études.

(1) Quelques années plus tard, Pyrrhus d'Angleberme fut conseiller du roi à Milan où il mourut. Cf. sur Pyrrhus d'Angleberme. *Les hommes illustres de l'Orléanais* (1852), t. II, p. 61-64 ; Eug. Bimbenet, *Histoire de l'Université d'Orléans* (1853), p. 352-354 ; Ch. Cuissard, *L'étude du grec à Orléans*, dans les *Mémoires de la Société archéologique et historique de l'Orléanais* (1883), t. XIX, p. 741-747 ; H. Omont, *Journal autobiographique du cardinal Jérôme Aléandre*, Paris, Imprimerie nationale, 1895, p. 18.

(2) Cf. Ch. Cuissard, *Un cours de grec à Orléans*, dans le *Bulletin de la Société archéologique et historique de l'Orléanais*, t. XII, n° 164, p. 182 et suiv.

(3) Cf. les notes d'Aléandre déposées à la bibliothèque archiépiscopale d'Udine et publiées par M. Omont. Sur la bibliothèque archiépiscopale d'Udine, cf. Neigebaur, *Die erzbischœfliche Bibliothek zu Udine*, dans le *Serapeum*, 1858, p. 161-164. Cette bibliothèque contient environ trente mille volumes.

Dans ces temps héroïques de la science vagabonde et nomade, les plus grands noms des droits civil et canonique et des lettres y passaient, et enseignaient dans ses « escholles » (1). La réputation européenne de la vieille ville universitaire, — *felicissima et optima parens Aurelia*, selon les expressions d'Aléandre lui-même, le souvenir encore vivant du passage de Reuchlin et d'Erasme (2), la certitude d'y rencontrer des auditeurs, le culte qu'on y avait toujours professé pour les lettres grecques, même aux temps les plus barbares, toutes ces considérations avaient pu et dû inciter Aléandre à accepter les offres du recteur de l'Université.

Aléandre reçut des docteurs orléanais le plus aimable et le plus honorable accueil, comme il en témoigne lui-même. A côté de la savante Université enseignaient de nombreux maîtres libres, dont la condition était fort honorée ; on les appelait « maîtres de tutelle ». La plupart s'intitulaient « maîtres de grammaire ». Ils faisaient généralement partie de la corporation des écrivains, suppôts de l'Université, et partici-

(1) Sur l'histoire de l'université d'Orléans, cf. Le Maire, *Histoire et antiquités de la ville et duché d'Orleans*, 1615 ; Symphorien Guyon, *Histoire de l'église, ville et université d'Orléans*, 1647 ; Savigny, *Histoire du droit romain au moyen-âge*, 1839, t. III, p. 286 ; Bimbenet, *Histoire de l'université de lois d'Orléans*, 1853 ; Mgr Bougaud. *Orléans et le caractère orléanais*, dans ses *Discours*, Paris, Poussielgue, 1889, p. 196-198. Consulter aussi les *Archives départementales du Loiret*, série D 4, fonds de l'Université, t. XII.

(2) C'est aussi à Orléans que Budé, selon Le Roy *(Ludovicus Regius)*, fit son cours de droit, nous ne savons à quelle date. Le Roy nous dit seulement qu'il y employa trois années : « *Aureliam, celebrem urbem, ut ibi jus civile disceret, est missus. Quo in gymnasio triennium versatus, operam pene omnem perdidit.* » (Le Roy, p. 8, d'après Rebitté, *Budé*, p. 142).

paient à ses privilèges et à ses immunités. Quelques-uns même étaient autorisés à donner leurs leçons dans le local universitaire. Ils prenaient des élèves sous leur toit à titre de pensionnaires. C'est probablement parmi ces « maîtres de tutelle » que se rangeait Aléandre.

Bientôt on voulut profiter de ses leçons. Deux docteurs régents de l'Université, Jean Bruneau (1) et Bourdineau (?) commencèrent à étudier le grec, à quatre heures de l'après-midi, chez Aléandre, du 21 décembre 1510 au 28 janvier 1511, à raison de deux écus d'or par mois. « Il faut remarquer », écrit Aléandre, « que ces deux docteurs, recevant une leçon particulière, auraient dû payer plus de deux écus d'or par mois. Ils l'avaient compris et dit à Pyrrhus. Je ne leur demandai cependant que cette somme. » L'un et l'autre de ces juristes cherchèrent à récompenser l'humaniste de son zèle à les instruire. Bruneau, aux calendes de janvier, « lui envoyait, comme étrennes, deux aunes de velours noir, par Antoine Robin, qui, au nom de Jean Bruneau, lui disait que c'était là un cadeau, et non le prix des leçons

(1) Jean Bruneau était en même temps que professeur à l'Université d'Orléans, chanoine de Sainte-Croix et de Saint-Aignan d'Orléans, et official de Sens. Cf. Hubert, *Histoire de l'Orléanais*, t. II, fol. 10 v° (ms. 436 de la bibliothèque d'Orléans) ; H. Omont, *Journal autobiographique du Cardinal Jérôme Aléandre*, Paris, Imprimerie nationale, 1895, p. 18. Quant à Bourdineau, c'est, on peut le supposer, le prieur de Bazoches, *Burdinaeus*, ou *Burdinellus*, dont il est question dans la correspondance de Pierre Daniel qui se trouve à la bibliothèque de Berne. Voyez Jarry, *Pierre Daniel et les érudits de son temps, d'après les documents inédits de la Bibliothèque de Berne*, dans les *Mémoires de la Société archéologique et historique de l'Orléanais*, t. XV. D'après ce travail, mention serait faite de Bourdineau aux manuscrits 141 (fol. 292, lettre de « Petrus Bourdinellus patruo suo ») et 450 de Berne.

qu'il paierait comme s'il n'avait rien envoyé. » A partir du 28 janvier, Bruneau et Bourdineau prirent leurs leçons, sans se rencontrer jamais avec les élèves qu'Aléandre devait diriger par la suite, dans la maison du scolastique. Le scolastique qui remplissait en même temps les fonctions de chancelier de l'Université (1), était alors Arnoul Ruzé, le célèbre canoniste qui, l'année précédente, avait été chargé avec Jean Bruneau et « maistre Alexandre Guybert » de la rédaction de l'ancienne coutume d'Orléans (2). Aléandre resta dans les meilleurs termes avec ces deux docteurs. Jean Bruneau ne suivit ses leçons que jusqu'au carême de 1511, moment où il fut appelé au Concile de Lyon. Il voulut alors payer son maître qui refusa toute rétribution. Quant à Bourdineau (?), il dut quitter Aléandre à peu près vers la même époque. Quand Aléandre, partant d'Orléans, retournera à Paris, il rencontrera sur la route son ancien élève qui voudra s'acquitter très largement de ce qu'il lui devait encore pour son enseignement; mais Aléandre refusa, « parce que Bourdineau (?) avait été pour lui un bon ami. »

(1) « Le chancelier de l'université est toujours le scholastique de la cathédrale. » *Détail historique de la ville d'Orléans*, 1750.

(2) Arnoul Ruzé est l'auteur de traités estimés de droit canon. Cf. Michaud, *Biographie universelle*, t. 37, p. 149; *les Coustumes des bailliage et preuosté d'Orléans et ressors d'iceulx, lesquelles d'ancienneté ont esté vulgairement appelées les coustumes de Lorryz, pour ce que Lorryz est une des chastellenies dudict bailliage où elles furent lors rédigées par escript*: «... Ont comparu à la promulgation de la coutume d'Orléans messire Arnoul Ruzé, scolastique, Alexandre Guybert, Jehan Bruneau, docteurs, pour les recteur, docteurs et college de l'université d'Orléans...» Arnoul Ruzé comparaît aussi « pour les doyen, cha-

Le 21 décembre 1511, Aléandre commença un cours public élémentaire de grec, à une heure de l'après-midi, à raison d'un écu soleil par mois pour chaque auditeur. Le nombre des auditeurs ne fut pas grand, car Aléandre n'en nomme que dix-sept. Encore ces auditeurs ne suivirent-ils pas régulièrement les leçons, comme l'indique leur compte inscrit dans les notes d'Aléandre. L'un d'eux, Milon d'Illiers, n'étant venu que quelques jours, fit présent à son maître de deux aunes de soie. Parmi ces élèves on peut signaler, outre Milon d'Illiers, doyen de Chartres, qui fut plus tard évêque de Luçon (1), les noms de Nicolas Berauld (2), *ludimagister*, qui, en 1521, faisait paraître chez Pierre Vidoue, une nouvelle édition du lexique grec de

noines et chapitre de Sainte-Croix d'Orléans » (septembre-octobre 1500). Voy. aussi Dom Liron, *Singularités historiques et littéraires*, Paris, 1738, t. I, p. 330. Les œuvres d'Arnoul Ruzé ont paru par les soins de *Probus* (Prudhomme) avec ce titre : *Opera egregii et eminentis scientiae viri, utriusque censurae professoris, domini Arnulphi Ruzaei, in alma Universitate Aurelianensi doctoris regentis et eiusdem universitatis scholastici seu cancellarii, canonicique ecclesiae cathedralis Aurelianensis et abbatis commendatarii Beatae Mariae de Victoria, necnon in supremo Galliarum senatu Parisiensi regii consiliarii et requestarum palatii commissarii,* Parisiis, apud Galeotum de Prato, 1534, in-4°.

(1) Cf. sur Milon d'Illiers, *Gallia christiana*, t. VIII, col. 1206; II, col. 1412 ; J.-B. Souchet *Histoire du diocèse et de la ville de Chartres*, 1866-1873, 4. vol. in-8°, t. III, p. 439 et suiv. Il était doyen de Chartres depuis le 20 février 1508.

(2) Sur Nicolas Bérauld, cf. *La France protestante* des frères Haag, éd. Bordier (1879), t. II, col. 297 et suiv ; Doinel, *Les Deux Bérauld*, dans *Bulletin de la Société archéologique et historique de l'Orléanais*, t. VII, p. 212 ; Ch. Cuissard, *L'étude du grec à Orléans*, dans les *Mémoires de la Société archéologique et historique de l'Orléanais*, t. XIX (1883), p. 732 et 748.

Craston ; Jean Lodé (1), de Nantes, qui donna, en 1513, une petite édition gréco-latine des *Nuptialia praecepta sive conjugalia* de Plutarque, et de Jean Julien, le sous-maître de Nicolas Bérauld.

Où Aléandre faisait-il son cours public ? Aucun document ne l'indique formellement. Peut-être était-ce à ce collège de Sainte-Colombe qui fut, paraît-il, pendant longtemps le sanctuaire des Muses grecques (2).

A partir du vendredi 24 janvier 1511, Aléandre donna encore des leçons particulières, à quatre heures de l'après-midi, dans la maison du scolastique, Arnoul Ruzé, et ces leçons étaient payées huit écus par mois. Il n'y avait que cinq élèves, Arnoul Ruzé et son frère, Martin Ruzé, le jurisconsulte Alexandre Guylbert, dont il a été fait mention plus haut, et son fils, Nicolas Gilbert, et Charles Brachet.

Deux mots sur la destinée de Martin Ruzé. Il fut reçu conseiller au parlement le 24 novembre 1515. Il fut chantre et chanoine de l'église de Paris, et mourut en novembre 1553. D'après dom Liron et Gui Bretonneau (3), Guillaume Briçonnet, évêque de Meaux, aurait

(1) Cette édition gréco-latine, donnée par Jean Lodé, de Nantes, des *Nuptialia praecepta sive conjugalia* de Plutarque (Paris, Gilles de Gourmont [1513], pet. in-4°) est dédiée « duodecim primariis inclytae urbis Aureliae rectoribus, necnon Petro Berruyero inibi advocato regio » (1er avril 1513). Cette épître dédicatoire est suivie d'un quatrain de « Nicolaus Beraldus Joanni Lodaeo, Aureliae juventutis moderatori. » — Cf. Henri Omont, *Journal*.. , p. 16.

(2) Voy. Ch. Cuissard, *Les études grecques à Orléans*, dans les *Mémoires de la Société archéologique et historique de l'Orléanais*, t XIX (1883).

(3) Dom Liron, *Singularités historiques et littéraires*, t. I, p. 339 et suiv ; Gui Bretonneau, *Histoire généalogique de la maison des Briçonnets*, p. 188.

donné le 18 février 1529 un vicariat général à « vénérable et noble personne, Martin Ruzé, prêtre, licencié en droit, chantre de l'église de Paris et conseiller en la cour, nommé par elle pour faire le procez à toutes personnes, de quelques qualitez qu'elles fussent, soupçonnées d'hérésie dans le diocèse de Meaux. » Joly, dans son *Traité des Ecoles* (1), rapporte son épitaphe en ces termes : « *Martino Ruze Blesensi qui Parisiis, postquam in suprema curia senator religiosissimus annis triginta et octo vixisset et in aede ista Cantor et arte et summa muneris assiduitate commendatus viginti quatuor et Canonicus triginta quinque, nuper autem Fontenaii abbas incredibili apud omnes gratia, auctoritate et magna prudentiae opinione, annum agens 73, mortuus est ad diem 15 nouembris anno reparationis humanae 1553.* S'il est vrai, comme l'affirme l'épitaphe précitée, que Martin Ruzé vint au monde à Blois l'an 1480, il était du même âge que son professeur de grec (2).

Quant à Charles Brachet, il appartenait à la maison des Brachet, illustre par son ancienneté et ses alliances, et qui, d'origine tourangelle (3) et blésoise, s'était depuis

(1) P. 588.

(2) Le jurisconsulte Prudhomme *(Probus)*, publiant en 1534 l'édition signalée plus haut de quelques traités d'Arnoul Ruzé, écrivait en parlant de Martin Ruzé, le frère du scolastique : « Dehinc tua sequitur vestigia Martinus Ruzaeus, tuus frater, suis exigentibus bene meritis, tecum in Senatorum albo conscriptus exstitit.. »

(3) Ces deux familles, les Ruzé et les Brachet, étaient originaires de Touraine. « Orléans doit à la ville de Tours les Brachet, les Ruzé, les Briçonnet, etc. » (Lambron de Lignim, *Armorial des maires d'Orléans*, Tours, 1851, p. 4).

établie à Orléans. Christophe de Longueil, dans une de ses lettres à *Octavianus Grimoaldus*, dit qu'il le rencontra en Italie (1), et Salmon Macrin, dans l'une de ses poésies, se réjouit que ses œuvres soient approuvées de Charles Brachet, «*fido Longolii asseclae Bracheto* (2).» Fils d'un trésorier d'Orléans, il allait être un des disciples de prédilection d'Aléandre avec qui nous allons bientôt le retrouver à Paris (3).

Le siège épiscopal d'Orléans, au moment du séjour d'Aléandre en cette ville, était occupé par Christophe de Brilhac, d'une noble famille du Poitou, qui avait succédé sur ce siège à son oncle François de Brilhac (4). Christophe de Brilhac (5) avait d'abord rempli les fonc-

(1) Cf. Christophori Longolii *orationes, epistolarum libri IV*,... Florentiae, Junta, 1524, in-1°.

(2) Salmonii Macrini Juliodunensis, Cubicularii Regii, *Hymnorum selectorum libri tres*, Parisiis, Robertus Stephanus, 1540, p. 175, lib. V, *De Carolo Bracheto, consiliario regio*.

(3) Il y a une lettre de Charles Brachet au fol. 248 du manuscrit 141 de la bibliothèque de Berne. Cf Ch. Cuissard, *L'étude du grec à Orléans*, dans *Mémoires de la Société archéologique et historique de l'Orléanais*, t. XIX (1883), p. 804-805.

(4) François de Brilhac, fils de Jean de Brilhac, seigneur d'Argy, en Berry, fut évêque d'Orléans de 1473 à 1503. C'est François de Brilhac qui fit imprimer le premier livre sorti des presses orléanaises, le *Manipulus curatorum, (Manuel des curés)*, imprimé par Mathieu Vivien en 1490. C'était François de Brilhac qui avait béni l'union malheureuse de Louis XII et de Jeanne de Valois. Sur le rôle de ce prélat dans le mariage de Jeanne de France, cf. R. de Maulde, *Jeanne de France*, ch. III et IV. François de Brilhac mourut à Orléans le 17 janvier 1506. Cf. Duchâteau, *Histoire du diocèse d'Orléans*. Orléans, 1888, p. 216-221 ; *Gallia christiana*, 1656, t. I, p 21 ; t. II, p. 257 : « *Hoc eodem anno* (1479) *incepta est fabrica Cruciatae Ecclesiae Cathedralis, cui operi de suo multa impendit, aliisque donariis eam munifice cumulauit*, etc.

(5) Christophe de Brilhac, fils de Pierre de Brilhac, seigneur d'Argy en Berry et de Monts (-sur-Guesnes), en Loudunais, et

tions de doyen de l'Eglise d'Orléans. Il avait ensuite été nommé à l'archevêché d'Aix. Puis François de Brilhac voulut échanger son évêché d'Orléans contre l'archevêché de son neveu. Le 19 mai 1504, Christophe de Brilhac avait pris possession de l'évêché d'Orléans, qu'il devait quitter quelques années plus tard pour l'archevêché de Tours. Aléandre entra en relations avec Christophe de Brilhac. Avec sa grâce insinuante, son esprit fin et délié, il conquit le prélat et le séduisit si bien que, l'année suivante, Christophe de Brilhac lui confiait à Paris, l'éducation d'un neveu fort affectionné, Claude de Brilhac.

Au séjour d'Aléandre à Orléans, se rattachent quelques lettres à Michel Hummelberger, que nous devons traduire et quelques travaux que nous devons indiquer.

Plaçons d'abord ici quelques détails nécessaires sur Michel Hummelberger, qui paraît avoir été son élève favori dans les premiers moments de son séjour à Paris. Michel Hummelberger (1) était né à Ravensburg, en

d'Anne de Tranchelyon, fut d'abord doyen du chapitre cathédral d'Orléans, puis archevêque d'Aix (*Gallia christiana*, 1656, t. I, p. 20), évêque d'Orléans de 1504 à 1514 (*Gallia christiana*, 1656, t. II, p 257, et Ch. de la Saussaye, *Annales Ecclesiae Aurelianensis*, Paris, 1615, p. 611), puis archevêque de Tours (*Gallia christiana*, 1656, t I, p. 781). Il fut remplacé sur le siège épiscopal d'Orléans par Germain de Ganay.

(1) Voici quelques indications bibliographiques sur Michel Hummelberger. Le travail le plus important est celui d'Adalbert Horawitz, *Michel Hummelberger*, Berlin, Calvary, 1875, in-8° de 50 pp. On trouvera dans une édition d'un ouvrage de Richard de Saint Victor, donnée en 1510 chez Henri Estienne par Lefebvre d'Estaples (*Faber Stapulensis*) (*Richardi quondam deuoti coenobitae S. Victoris de superdiuina Trinitate theologicum opus hexade*

Sonabe, en 1487. Son père était un soldat que Beatus Rhenanus appelle « *uirum humanissimum et quem ex filio aestimare potes.* » Tandis que son frère Gabriel, qui fut plus tard médecin, allait en Italie, Michel Hummelberger vint à l'Université de Paris. Il s'y rencontra avec Beatus Rhenanus et y lia avec lui une étroite et fraternelle amitié : « *uetere sodali meo, quem sic uiuentem amaui, ut fratrem germanum non potuerim uehementius.* » Ils habitaient ensemble : « *ex domestico haud exigui temporis contubernio coaluit amicitia* », et ils suivirent de compagnie les leçons des mêmes professeurs, Hermonyme et Lefebvre d'Etaples. Après le départ de Beatus Rhenanus, Hummelberger devint l'ami de Josse Bade et de *Robertus For-*

librorum distinctum et capitum XV decadibus. Adjunctus est commentarius, Paris, H. Stephanus, 1510, in-4°) une pièce de vers de Michel Hummelberger adressée à Beatus Rhenanus. Dans les *Illustrium virorum epistolae hebraicae, graecae et latinae ad Joannem Reuchlin, Hagenoae, ex officina Thomae Anshelmi*, 1519, lettre de Michel Hummelberger à Reuchlin, datée de 1518 ; dans l'*Auctarium selectarum aliquot epistolarum Erasmi ad eruditos*, chez Froben, Bâle, 1518, lettre de Beatus Rhenanus à Michel Hummelberger. Dans le manuscrit 4007 de la bibliothèque de Munich, nombreuses lettres d'Hummelberger et à Hummelberger, reproduites dans le travail précité d'Adalbert Horawitz. Voir encore la correspondance d'Erasme dans l'édition de Leyde de 1703 ; ces autres ouvrages d'Horawitz : *Briefwechsel des Beatus Rhenanus*, *Analeckten zur Geschichte des Humanismus und der Reformation in Schwaben*, Wien, 1877 ; l'article du même Horawitz sur Michel Hummelberger, dans l'*Allgemeine Deutsche Biographie*, t. XIII, p. 338 (cf. aussi les *Sitzungsberichten der K. K. Akademie der Wissenschaften zu Wien*, LXXXVI, 1877, p 217 sq : LXXXIX, 1878, p. 95 sq ; XCIII, 1879, p. 425 sq) : *Bursian's Iahresbericht*, IV, p. 30 ; XV, p. 115 ; XXXII, p. 220. On trouvera des lettres encore inédites de Michel Hummelberger à Zwingle, 1522, Bibliothèque de Zurich, *Thesaurus Hottingerianus*, D 11, ff. III, sqq) et à la Bibliothèque de l'Université de Bâle (G. II, 29).

tunatus (1), de Tissard, et enfin d'Aléandre. En janvier 1511 Hummelberger aidait Lefebvre d'Etaples dans l'édition du *De bello judaico* d'Hégésippe que Josse Bade donnait au public sous les auspices de Guillaume Briçonnet, à cette époque évêque de Lodève.

Aléandre, pendant son séjour à Orléans, n'oubliait pas les travaux qu'il avait entrepris à Paris. Une première lettre à Michel Hummelberger, du mois de mars 1511, nous le montre préoccupé d'une édition de Théocrite et de Landinus.

« Jérôme Aléandre à son cher Michel Hummelberger, salut.

Tu t'étonnes, je le sais, de la rareté, en même temps que de la lenteur, de mes lettres ; mais tu cesseras de t'étonner, si tu veux ajouter foi aux paroles de notre cher Pierre Manuce (2) qui te fera connaître nos occupations. Au milieu de ces occupations, j'aurais pu, il est vrai, t'envoyer de temps en temps une lettre ; mais je ne l'ai jamais voulu faire, parce que j'attendais le moment de t'envoyer en même temps les corrections sur le Landinus et les autres auteurs. Je t'envoie maintenant ce que j'ai révisé dans le

(1) *Robertus Fortunatus Maclouiensis* (de Saint-Malo). Robertus Fortunatus a collaboré à l'édition du Saint Cyprien, publié par Berthold Rembolt et Jean Waterloes dans laquelle Aléandre devait composer des hendécasyllabes phaléciens en l'honneur de l'imprimerie. Cf. Hennin, *Les monuments de l'histoire de France*, Paris, Delion, 1862, t. VIII, p. 82 : « 27 mai 1525 : Figure de Robert Dure, alias *Fortunatus*, principal du collège du Plessis, à Paris, sur sa tombe, avec sa mère, dans la nef de l'église de Saint-Yves, à Paris. Dessin in-fol. en haut. Gaignières, t. VIII, p. 57. »

(2) Cf. A. Horawitz, *M. Hummelberger*, p. 27 ; J. Paquier, *Jérôme Aléandre, (1480-1529)*, p. 91.

Landinus. Je t'aurais confié la correction du Théocrite, mais, comme tu m'as paru, au moment ou je quittais Paris, te refuser à de pareils travaux, parce que tu étais déjà préoccupé par d'autres soucis et que tu te préparais à retourner dans ta patrie, j'envoie Pierre à Paris ; il s'occupera de cette affaire. Comme il n'a pas l'habitude de ces corrections, il conférera plusieurs fois avec toi les premières pages. Je suis bien sûr qu'il ne t'importunera pas longtemps, tant j'ai bonne opinion de ses talents, de son érudition et de son activité. Je t'enverrai N... au premier jour. Pour le moment, tu feras savoir à Badius que je souhaite que l'édition soit arrêtée jusqu'à mon retour. Dis-lui d'avoir de bonnes dispositions à mon endroit. . . . Je reviendrai auprès de vous, je l'espère, aux calendes de Mai. Si par hasard je reste quelques jours de plus, ce sera pour achever ce que j'ai commencé dans cette ville. J'espère que bientôt les lettres grecques seront en telle vigueur à Orléans, qu'elles n'y pourront plus mourir. Si tu négliges pour un instant les lettres grecques, je t'en prie, ne les néglige pas tout-à-fait. Je connais ton amour de l'étude, je connais ton érudition. Tu peux par toi-même y travailler. De quelle utilité et de quel honneur elles peuvent être pour ceux qui les auront cultivées, tu le verras prochainement, je l'espère, lorsque d'abord en France, et bientôt aussi en Allemagne, j'aurai jeté les semences de cette admirable langue. A Orléans, le 8 des ides de mars 1511. »

Une autre lettre d'avril 1511, nous le présente particulièrement soucieux de l'édition des *Quaestiones Camaldulenses* de Cristoforo Landini, et de la préparation d'un *Lexicon*, qui lui semble une bien lourde charge :

« Jérôme Aléandre à son cher Michel Hummelberger, salut. »

Ton bon cœur, tes excellentes dispositions à mon égard, me font plaisir, mon très aimable Michel. Comme tu ne peux jouir de la présence de ton ami Jérôme, tu désires vivement voir des lettres de sa main. Je te remercierai à un autre moment avec plus d'abondance, car je ne puis le faire ici. Pour l'instant, à cause du peu de temps que j'ai, je vais t'écrire le nécessaire. J'ai de nouveau revu les *Quaestiones Camaldulenses* dans lesquelles le sens me paraît bien complet. L'endroit où il est fait mention de l'Hector de Naevius n'a nulle part été imprimé dans mon livre ; aussi, tu prendras soin de le faire imprimer de suite et de faire ajouter le reste promptement. Sur ce qu'il faut faire du Théocrite, j'ai écrit à Pierre et à Cyprien (1) avec lesquels tu seras très prudent, et tu prendras un soin diligent de tout ce qu'il faudra faire. Je voudrais que le nouveau correcteur *(lectorem)* soit d'un si grand mérite, qu'il puisse corriger, au moment de l'impression, le lexique et d'autres livres grecs. Je ne puis en rien juger quelqu'un qui m'est inconnu. D'ailleurs je lui écris en grec ; je lui aurais même écrit en hébreu, si Faustus ne m'avait appris qu'il partait demain, de grand matin, à cinq heures. Avant de remettre ma lettre

(1) Ce « Cyprien » est Cyprien Benet. Cf. J. Paquier, *Jérôme Aléandre (1480-1529)*, p. 90-91 : « Cyprien Benet était un dominicain originaire de l'Aragon. Sa vie est mal connue ; les historiens de l'ordre de Saint-Dominique perdent sa trace vers 1522 et croient que, dès 1509, il avait quitté définitivement Paris (Quétif et Echard, *Scriptores Ordinis Praedicatorum*, Paris, 1721, in-fol, II, 49-50). En réalité il vivait certainement encore en 1531, époque où, avec Gilles de Gourmont, on le voit s'occuper d'un neveu d'Aléandre venu à Paris pour ses études (L. Dorez, *Une lettre de Gilles de Gourmont à Girolamo Aleandro* (1531), dans la *Revue des Bibliothèques*, juin-juillet 1898). Dès l'époque du séjour d'Aléandre à Orléans, Cyprien était son homme de confiance, son intermédiaire à Paris (cf. Henri Omont, *Journal*.. ., p. 20) Il le restera dans l'avenir, et de tous ceux qu'Aléandre connut en France, c'est avec lui qu'il conservera les relations les plus suivies et les plus pro-

à ce correcteur *(isti lectori)*, montre-la à plusieurs, et demande ensuite une réponse à notre homme. Je connaîtrai ainsi très vite ce qu'il vaut. Je lui écris que je me réjouis que quelqu'un veuille bien accepter la tâche de la correction ; et plût au Ciel, mon cher Michel, que quelqu'un nous délivrât du fardeau d'imprimer le *Lexicon*. J'ai, en effet, l'idée de gagner l'Allemagne, et là, de jeter non seulement la semence des lettres grecques, mais encore de m'occuper de l'impression de nombreux livres grecs. Si tu veux y venir avec moi, j'aurai en toi un Thésée très fidèle. J'écrirai à notre homme en hébreu par le premier courrier, si toutefois je vois quelque chose qui mérite réponse. Adieu, très aimable Michel. Tu salueras en mon nom tes parents d'Allemagne. Quant aux études de Joachim (1), personne ne peut te mieux conseiller que Cop. Si les conseils de Cop te font défaut, je t'écrirai mon opinion bien sincère et, je le pense, Joachim ne se repentira pas de suivre mes conseils. Recommande-moi à notre cher Cop et à Louis Ber (2), mais surtout à notre cher Lefebvre d'Etaples, que

longées (cf. J. Paquier, *Erasme et Aléandre*, p. 26, dans *Mélanges d'Archéologie et d'Histoire publiés par l'Ecole française de Rome*, XVI (1895), p. 372. Voir aussi sur ces relations : J. Paquier, *Jérôme Aléandre et Liège*, (1896), p. 19, 147 ; A. Horawitz, dans *Sitzungsberichte der Wiener Akad.* TLXXXVI (1877), p. 260 (26 mars 1514). — Dans le manuscrit de Bologne (Univ. 954, f. 123-129) se trouve la copie d'un bref de Léon X à Cyprien, obtenu vraisemblablement par l'entremise d'Aléandre : *Exemplum reservationis expeditae per Breve in favorem magistri Cypriani Beneti, theologi ord. praedicat.* (Titre de la main d'Aléandre). *Religionis zelus*. Rome, 13 juin 1521. Par ce bref, Léon X accorde à Cyprien le droit de posséder des bénéfices et lui donne l'*expectative* d'un monastère et d'une cure situés en Espagne. »

(1) Il s'agit de Joachim Egellius, de Ravensbourg. Cf. A. Horawitz, *M. Hummelberger*, p. 27 ; J. Paquier, *Jérôme Aléandre (1480-1529)*, p. 91.

(2) Moréri, *Le Grand dictionnaire historique*, 1699, t. I, p. 464 : « Louis Bère étoit natif de Bâle et docteur de Paris. Il a écrit divers ouvrages. Simler, *in epit. Bibl. Gesner.*, Melior Adam, *in vit. Medic. Germ.*, etc. » — Cf. J. Paquier, *Jérôme Aléandre (1480-1529)*, p. 91.

j'aime et que j'honore plus que tous. Salue de ma part Jean, ton camarade, et aussi le moine qui est notre hôte, en un mot tous nos amis. Adieu encore. Orléans, 1511, le 6 des calendes d'Avril, — en hâte et dans la plus grande précipitation. »

Les *Quaestiones Camaldulenses* de Cristoforo Landini parurent, en effet, à Paris en avril 1511, chez Jean Petit : *Christophori Landini Florentini Camaldulensium disputationum opus doctrinae et elegantiae plenissimum. Venundantur Parisiis a Joanne Paruo, in vico diui Jacobi, sub aureo lilio se continente.* A la fin de cet ouvrage, on lit : *Impressum est hoc Camaldulensium quaastionum opus Parisiis pro Joanne Paruo, se in vico diui Iacobi sub Lilio Aureo continente, 1511* (1). Cet ouvrage était précédé de la préface suivante de Michel Hummelberger qui faisait un grand éloge d'Aléandre :

Michel Hummelberger de Ravensburg, au lecteur, salut.

Tu as dans ce volume, très studieux lecteur, les quatre livres des *Quaestiones Camaldulenses* de Christophe Landinus. Dans le premier de ces livres, il disserte de la vie active et contemplative ; dans le second, du souverain bien ; le troisième et le quatrième contiennent les allégories de Virgile. En outre, le grec que l'on regrette de ne pas trouver dans toutes les éditions imprimées avant celle-ci, tant en Italie qu'en Allemagne,. nous a été rendu par d'admirables conjectures et traduit en latin par Jérôme Aléan-

(1) Bibl. Nat. Z. 1966.

dre, de Molta, cet interprète véritable et très sûr des langues et des sciences. Il a enseigné récemment dans cette université les lettres grecques et latines non sans succès et non sans gloire. En ce moment, et depuis l'annonce de la peste de Paris, il enseigne, à Orléans, le grec, aux hommes les plus savants, et aux docteurs les plus réputés de France. Au premier jour, il enseignera les lettres hébraïques et chaldaïques, les grecques et les latines. Je me persuade de telles choses du divin génie de mon maître, de son érudition universelle, de son activité très empressée, et enfin de son grand amour et de sa bienveillance pour ses élèves qui réclament avidement leur ancien maître. Adieu, à Paris, le neuf des calendes d'avril 1511, d'après le calcul romain.

Cristoforo Landini était un écrivain florentin du XVe siècle. Il fut le maître de Politien. Il avait publié aux environs de 1488, à Florence, ce livre des *Quaestiones Camaldulenses* (1) où se trouvent développées, au milieu d'un cadre charmant et sous forme de dialogues, les plus hautes conceptions du spiritualisme platonicien (2).

Lorsqu'Aléandre, en mars et en avril 1511, cherchait un correcteur pour une édition de Théocrite, Michel Hummelberger paraît lui avoir indiqué Celse Hugues Descousu, *Celsus Hugo Dissutus*. Aussitôt

(1) CHRISTOPHORI LANDINI *Quaestionum Camaldulensium libri IV, scilicet de vita activa et contemplativa liber primus, de summo bono liber secundus, in P. Virgilii Maronis allegorias liber tertius et liber quartus* [Florentiae, circa 1488], gr. in-fol. — Sur Cristoforo Landini, cf. Charles Yriarte, *Florence*, Paris, Rothschild, 1881, pp. 3 et *passim*.

(2) Cf. Abel Lefranc, *Le platonisme et la littérature en France à l'époque de la Renaissance* (1500-1550), dans la *Revue d'histoire littéraire de la France*, janvier 1896, p. 6.

Aléandre, pour éprouver sa capacité, lui écrivait en grec. Peu après, Celse Hugues Descousu faisait paraître chez Gilles de Gourmont, de décembre 1510 à juin 1511,— la lettre dédicatoire à Aléandre, « professeur à Orléans », nous semble permettre de l'affirmer, — et non en 1513, comme le disent toutes les bibliographies, un Théocrite. Dans cette lettre dédicatoire Descousu rappelait à Aléandre qu'il avait eu avec lui d'affectueuses relations à l'université de Padoue. Cette édition de Théocrite était évidemment due à l'inspiration et aux conseils d'Aléandre pour qui Théocrite était un poète si cher(1) :

A Jérôme Aléandre de Motta, très docte dans les trois langues et professeur de grec à Orléans, Celse Hugues Descousu, de Châlon-sur-Saône, Français, professeur de grec et d'hébreu, salut.

(1) On sait que Théocrite était l'un des auteurs favoris d'Aléandre. Dans une lettre du 10 mars 1506, Aléandre prie instamment Alde Manuce de lui envoyer un Théocrite. Dans la préface de son édition parisienne des trois opuscules de Plutarque, nous l'avons vu annoncer qu'il s'occuperait de cet auteur. Dans des notes d'Aléandre conservées à la Bibliothèque Chigi (R II, f 1-30), on trouve un assez bon nombre de remarques sur Théocrite (Cf. J. Paquier, *Jérôme Aléandre* (1480-1529), p. 82). M. Louis Delaruelle a signalé, dans le manuscrit Ottoboni latin 2100 (Bibliothèque Vaticane) qui contient des *adversaria* d'Aléandre, d'intéressantes remarques sur Théocrite : « Aleandro semble lui avoir consacré des commentaires suivis, car il a mis à la fin de la remarque qu'il fait sur l'expresssion δειλη ἑῷα (p. 26) : « *alia obseruauimus olim in Theocritum* ». La rédaction même d'une autre note permet de croire que Théocrite fut, à Paris, le sujet d'un de ses cours. « *Expone ex Polluce 352* », écrit-il à propos d'un vers du poète, et il ajoute : « Habes etiam in epigrammate πάντα λίθον κινῶ de quo Suidas et prouerbiorum collectores » (Louis Delaruelle. *Un recueil d'Aduersaria autographes de Girolamo Aleandro*, Rome, Philippe Cuggiani, 1900, p, 14). — Dans la préface du *Strabon* de Théobald Pigenat, celui-ci dit, en s'adressant à Aléandre : «..... noster Theocritus....»

Ceux-là surtout admirent d'ordinaire la science et l'érudition, très docte Aléandre, qui, si érudits qu'ils soient, s'estiment beaucoup plus savants, lorsqu'ils peuvent par quelque présent littéraire s'attacher le cœur de quelque homme non moins savant que studieux. Aussi, mon cher Aléandre, comme je te sais et le plus aimable et le plus savant des lettrés, il m'était impossible de ne pas écrire en ton honneur, surtout après avoir vécu dans ton intimité à Padoue, et je t'ai dédié ces œuvres de Théocrite, ton cher poète, imprimées par nos soins, afin que, protégées en quelque manière par l'autorité de ton nom, elles puissent librement paraître en public et ne pas redouter les yeux de vipères des médisants. Tu me feras le plus vif plaisir, si tu approuves cette publication, pourvu toutefois que tu la juges digne de ton approbation. Si tu le fais, tu me prouveras que tu estimes mon travail, et tu me rendras plus prompt et plus rapide à faire tout ce que tu pourras désirer de moi. Adieu, et aime moi de ton habituelle affection.

Quelques mots encore sur Descousu. D'après Papillon, dans sa *Bibliothèque des auteurs de Bourgogne*, t. I, p. 174, ce *Celsus Hugo Dissutus*, né à Châlon-sur-Saône, aurait été pourvu en 1512 d'un canonicat à la cathédrale de cette ville. D'après ce même auteur, il aurait encore publié une édition des *Vitae patrum* de saint Jérôme, à Lyon, en 1512, in-fol., où Descousu prend les titres suivants : *Celsus Hugo Dissutus, in utroque jure licentiatus Cathedralisque Cabillonensis urbis canonicus creatus*. L'épître dédicatoire de cette édition, entreprise sur l'invitation d'un riche libraire, Simon Vincent, était adressée à son évêque, Jean de Poupet, et se terminait ainsi : « *Te, in Parrhisiano tecum et ultramontano studio conversatus, novi ; id si acceptum sensero, alia quae paucos post dies emissurus sum, volumina dicaturus.* » Jean de Poupet (1), avec lequel Descousu s'était, comme avec Aléandre, rencontré en Italie, soit à Padoue, soit à l'université de Pise où l'évêque de Châlon-sur-Saône assista au fameux « conciliabule », – ce qui le fit excommunier, — mourut le 28 décembre 1531, à 52 ans. Descousu devait être à peu près du même âge, et par suite à peu près du même âge qu'Aléandre (2).

Bien que les efforts de Jérôme Aléandre fussent surtout consacrés à l'enseignement du grec, nous savons déjà qu'il ne négligeait pas l'enseignement du latin. Ausone était l'un de ses poètes favoris et l'une des principales matières de ses études (3). Il avait beaucoup travaillé sur le texte de cet auteur et, à force de travail, l'avait presque restitué. Sous l'inspiration d'Aléandre,

(1) Sur Jean de Poupet, cf. *Gallia christiana*, édition de 1656, t. II, p, 453.

(2) Papillon, *Bibliothèque des auteurs de Bourgogne*, t. I, p. 174, distingue deux auteurs de ce nom, l'un, juriste, l'autre, ecclésiastique. Il avoue d'ailleurs qu'il n'y a rien de plus difficile à démêler que ce que les auteurs ont écrit sur les écrivains de ce nom. Peut-être faudrait-il fondre ces deux personnages en un seul. Dans tous les cas tous deux ont signé : *Celsus Hugo Dissutus Cabillonensis Cella.* Tous deux ont connu Jean de Poupet, car nous rencontrons : *Lecturam Philippi Franci. Perusini, Juris Pontificii, Caesareique doctoris celeberrimi, super sextum Decretalium, edidit Dissutus, curauit, recognouit et Joanni Popelo Cabilonensium episcopo dicauit anno Christi 1523.* Lugduni, typis Thomae, in-8°. Tous deux ont publié leurs ouvrages à Lyon. Tous deux sont allés en Italie, car le juriste s'est appliqué à publier et à expliquer des jurisconsultes italiens, etc, etc.

(3) Cf. R. Peiper, *Die handschriftliche Ueberlieferung des Ausonius*, Leipzig, Teubner, 1879, p. 211.

Michel Hummelberger publia en 1511 une édition d'Ausone chez Josse Bade (1) dont il existe un exemplaire à Paris (2), à la Bibliothèque de l'Institut, et un autre exemplaire incomplet à Londres, au *British Museum*. André Chevillier (3) parle de cette édition. Comme bibliothécaire de la Sorbonne, il avait probablement eu sous les yeux l'exemplaire de la bibliothèque de l'Institut qui semble provenir de la bibliothèque de l'ancienne Sorbonne. Panzer (4) signale aussi cet ouvrage en disant qu'il le possède dans sa collection (5).

Certaines erreurs de cette édition sont corrigées à la fin du volume, à la suite du mot *Finis*. Elles sont

(1) On a vu précédemment que, dès 1510, Aléandre pensait à une édition d'Ausone. Le 15 septembre de cette année, il écrivait de Paris à Michel Hummelberger : « Pour Ausone, il n'y a rien de fait ; on s'en occupera sérieusement, lorsque Josse Bade sera ici» . (Cf J. Paquier, *Jérôme Aléandre (1480-1529)*, p. 43 et p. 73. Cette lettre d'Aléandre à Michel Hummelberger se trouve à la bibliothèque de Munich, ms. lat. 4007, f, 8, r°.

(2) Cet exemplaire porte en effet au dos de la reliure : *Ausonius*, Paris, 1511. Bibl. Sorbonne (cf. J. Paquier, *Jérôme Aléandre*, 1480-1529, Paris, Ernest Leroux, 1900, p. XIV).

(3) Chevillier, *L'origine de l'imprimerie de Paris*, Paris, 1694, p. 252. Cet auteur est cité par Maittaire, *Annales typographici*, Hagae Comitum, 1722, t. II, pars I, p. 306. Cf. de la Ville de Mirmont, *La Moselle d'Ausone*, Bordeaux, Gounouilhou, 1889, Introduction, p. XXXVIII.

(4) Panzer, *Annales typographici*, t. VII, p. 553. Voici comment il mentionne cet ouvrage: *Ausonii Pœonii Burdegalensis*, Lutetiae Parisiorum, MDXI, ex aedibus Ascensianis. *Collectio nostra*. — Bœcking le cite aussi dans l'*Index codicum et manu scriptorum et editorum* qui précède son édition de la *Moselle*, publiée en 1845.

(5) Il n'avait encore paru que peu d'éditions d'Ausone. Signalons :

— Ausonii Peonii epigrammatum libri et alia opuscula ; Probae centonae excerptum e Maronis carminibus ad testimonium précédées de ce titre : *Castigationes errorum insigniorum quos inter imprimendum opifices prae nimia celeritate admiserunt.* Elles sont suivies de cette conclusion : (1)

MICHEL HUMMELBERGER DE RAVENSBOURG

AU LECTEUR, SALUT.

Nous avons revu rapidement ce livre en y laissant quelques petites fautes que n'importe quel lecteur, même à demi instruit, peut corriger par lui-même. Nous ne nions cependant pas qu'il y a dans tous les manuscrits d'Ausone de grandes obscurités dignes de l'habileté d'un grand interprète. Jerome Aléandre, homme au-dessus de toute louange, occupé *ailleurs* au moment de l'impression de ce livre, se réserve de les discuter dans son cours public (2).

veteris novique testamenti opusculum, Venetiis, anno incar. dominice M.CCCC.LXII, in-fol. (Cf. Brunet, *Manuel du Libraire*, 1820, t. I, p. 135, sur cette édition publiée par Bartholomaeus Girardinus).

— Ausonii fragmenta quae invidia, cuncta corrodens, vetustas, ad manus nostras venire permisit, ex recens. Julii Aemilii Ferrarii, Mediolani, per Uldericum Leinzenzeller, 1490, in-fol.

— Ausonius per Hieronymum Avantium Veronensem ac doc. emendatus, Venetiis, 1496, in-fol.

— Opera Ausonii nuper reperta. Impressum Parmae per Angelum Ugoletum Parmensem anno Domini 1499, die X mensis Julii. (Reimpressum die XXX octobris 1501).

— Ausonius per Hieronymum Avantium Veronensem ac doc. emendatus, Venetiis, per Ioannem Tacuinum de Tridino, 1507, die VII aprilis.

(1) C'est de cette édition d'Ausone que Badius parle à Michel Hummelberger dans une lettre de juillet 1512 : « Dedi Ausonios cui commiseras et quot petierat (Horawitz, *Michael Hummelberger*, Berlin, 1875, v°).

(2) *Alibi occupatus* nous paraît bien prouver qu'Aléandre était encore à Orléans au moment de l'apparition de ce livre.

Adieu, très bienveillant lecteur. A Paris, M.D.XI, de l'imprimerie d'Ascensius.

« Pour cette édition d'Ausone, Aléandre et Hummelberger consultèrent un ou même deux manuscrits. Dans la conclusion précitée, Hummelberger parle des « obscurités des manuscrits ». Dans le corps même du livre on lit que, sur la foi d'un vieux manuscrit, Aléandre a rendu à Ausone le poème des *Roses*, qu'on avait jusque-là faussement attribué à Virgile. Dans son ensemble cette édition était de beaucoup supérieure à celle d'Ugolet et d'Avantius qui l'avaient immédiatement précédée. La disposition en est meilleure, les corrections nombreuses et, d'ordinaire, faites avec bonheur (1).»

Aléandre ne négligea pas pendant son séjour à Orléans de profiter des ressources que pouvait lui offrir la ville au point de la vue de la critique. Guillaume Budé, dans ses *Annotations aux Pandectes*, retirait à saint Jérôme la paternité de la traduction du Nouveau Testament. D'après Aléandre, dans des *Adversaria* (2) conservés à la bibliothèque Vaticane, toute la Vulgate, à l'exception des Psaumes, serait l'œuvre de saint Jérôme, et il fondait cette opinion sur l'autorité d'un manuscrit d'une haute antiquité qui se conservait à l'église cathédrale de Sainte-Croix d'Orléans : *aucto-*

(1) Cf. J. Paquier, *Jérôme Aléandre (1480-1525)*, p. 73. (Voy. aussi p. 43) ; de la Ville de Mirmont, *La Moselle d'Ausone*, Bordeaux, Gounouilhou, 1889, Introduction, p. XXXVII et suiv.

(2) Bibliothèque Vaticane, manuscrit Ottoboni latin 2100.

ritate uetusti codicis qui est in diuae Crucis pa aede Aurelie (1). Ailleurs il invoque encore le témoignage de bibles anciennes qui existent dans cette même église cathédrale d'Orléans : *ut quae sunt in cathedrali aede Aureliana* (2).

Une troisième lettre de juin 1515 nous fait voir encore Aléandre animé du vif désir qu'il avait déjà manifesté, d'aller en Allemagne afin d'y étudier le grec. Il s'y livre à un éloge enthousiaste de l'esprit de désintéressement que l'Allemagne porte dans l'étude. Il n'oublie pas non plus les amis comme les ennemis qu'il a laissés à Paris, et il n'a pas laissé de lancer quelques traits rapides contre un d'entre eux que Jérôme Aléandre paraît avoir tout particulièrement détesté :

Jérôme Aléandre à son cher Michel Hummelberger, salut.

Ta lettre m'a apporté une joie mêlée de chagrin. Ta bonne santé, ton soin si diligent de mes affaires sont choses dont je me réjouis fort et dont je te remercie vivement. Mais je ne puis m'empêcher de m'affliger de ton départ si prochain. J'espérais, en effet, à mon retour, jouir de ton commerce un peu plus librement que je ne l'ai pu pendant mon séjour à Paris, bien qu'alors tu ne nous aies pas même quitté un seul jour. Mon chagrin s'augmente encore à la pensée que je ne reviendrai pas, comme je l'espérais, aux calendes de juin. Et cela à cause du bruit d'une peste dont

(1) Ottoboni 2100, p. 217-218. Cf. Louis Delaruelle, *Un Recueil d'Adversaria autographes de Girolamo Aleandro*, Rome, Philippe Cuggiani, 1900, p. 12.

(2) Ottoboni 2100, p. 561. Cf. Louis Delaruelle, *eodem libro*, p. 12.

j'apprends que Paris commence à souffrir. La nouvelle est-elle vraie? Je t'envoie exprès l'un de mes amis qui t'interrogera à ce sujet. Si tu quittes Paris avant mon retour, je souhaite que tu le fasses sous d'heureux auspices. Je veux que tu saches qu'en tout endroit de la terre je serai à toi plus qu'à personne. Ce dévouement, ton caractère si aimable, ta science qui était loin d'être ordinaire, ta grande affection pour moi, tes services nombreux me l'inspirent. J'ajouterai encore quelque chose: pour t'être lié davantage, je te prie, au nom de notre amitié, de m'indiquer d'Allemagne un endroit où je puisse à la fois enseigner très commodément et prendre soin de l'impression d'ouvrages grecs et hébreux. Je paraîtrais très ingrat si, après avoir disséminé la science chez les autres nations, je laissais notre chère Allemagne « sans labour et sans semence ». Je ne vois aucune nation où je puisse mieux qu'en Allemagne, jeter les germes des langues et des sciences et conduire à maturité ce que les autres y ont déjà semé. Je trouve d'excellents esprits en France, d'excellents esprits en Italie; mais ces deux nations ne s'adonnent qu'aux arts libéraux dont elles espèrent un bénéfice immédiat; il y a là quelque avidité. Mais l'Allemagne est émue par l'amour de la vertu seule; elle cherche toujours quelque chose de nouveau d'où elle puisse tirer plutôt de la gloire que quelque petit profit. Et, contente pour elle-même d'une pauvreté lacédémonienne, elle travaille pour la commune utilité des autres nations, elle fait progresser les arts anciens, elle en trouve de nouveaux qu'il serait trop long d'énumérer pour l'instant. Je me réserve de faire un petit livre sur ce sujet, lorsque j'aurai du repos. J'ai parcouru, bien que je sois très occupé, les babioles de cet « aveugle » qui ne me paraît pas digne de tes invectives. Justes dieux! Je ne parle pas seulement des syllabes mal placées, mais de l'invention elle-même, de la disposition, de l'élocution, de l'ignorance des sujets, de cette présomption qui est particulière aux ignorants. En somme, pour dire ce que je pense, une seule rature peut tout corriger, si l'on confie le livre soit à Deucalion, soit à Phaethon. Il plait pourtant à ses pouilleux (1) disciples, puisqu'il n'y a si mauvais auteur qui ne trouve des prôneurs et des défenseurs. Fais-moi savoir ce qu'il en est de la peste et ce que l'on augure à ce sujet. Je suis pris du désir le plus vif de revenir. Je voudrais que tu me rappelles au bon souvenir de notre cher Lefebvre [d'Etaples], cet excellent homme si docte et à qui je dois tant. Tu salueras en mon nom Charles de Bovelles (2) que je ne connais pas personnellement ; mais les gens savants, bien que je ne connaisse pas leur physionomie, je les aime pourtant et je les honore. Je t'écrirai prochainement d'autres choses, ainsi qu'à Hermann et à d'autres ; pour l'instant, je suis saisi par d'autres occupations. Orléans, le 13 des calendes de juin, 1511.

(1) C'est une épithète déjà employée par Aléandre dans sa lettre à Alde du 23 juillet 1508 : «... molta turba di seminudi et pediculosi scholari....»

(2) Charles de Bovelles (ou : de Bouvelles). — *Carolus Bovillus*, — né à Saucourt, village de Picardie, vers 1470, mort vers 1553, chanoine de Saint-Quentin, et ensuite de Noyon où il professa la théologie. Il fut l'élève de Lefebvre d'Etaples, le protégé de François de Halluvin, évêque d'Amiens, et de Charles de Genlis, évêque de Noyon, l'ami de François de Melun, évêque d'Arras, de Louis de Bourbon, évêque de Laon, de Guillaume Briçonnet, évêque de Lodève et de Germain de Ganay, évêque de Cahors. Ses principaux ouvrages sont : *Liber de intellectu ; De sensu ; De nichilo ; Ars oppositorum ; De generatione ; De sapiente*, etc., Parisiis, Henricus Stephanus, 1510, in-fol. (Cf. M. Pellechet, *Catalogue des livres de la bibliothèque d'un chanoine d'Autun, Claude Guilliaud (1493-1551)*, dans *Mémoires de la Société Eduenne*, nouvelle série, t. XVIII, (Autun, Dejussieu, 1890, p. 31) ; — *Quaestionum theologicarum libri VII*, Parisiis, Ascensius, 1513, in-fol. (Cf. M. Pellechet, *eodem loco*, p. 35) ; — *Proverbiorum vulgarium libri tres*, Parisiis, 1531, in-8°, traduit en français sous le titre : *Proverbes et dits sententieux avec l'interprétation d'iceux*, Paris, 1557, in-12 ; — *Liber de differentia vulgarium linguarum et gallici sermonis varietate*, Paris, 1533, in-4°, ouvrage curieux.

L'aveugle dont il est ici question et qui est représenté comme un poète si peu observateur de la prosodie latine, est *Petrus Pontanus* ou *de Ponte*, surnommé « l'aveugle de Bruges » — *Caecus Brugensis* (1). Il était né à Bruges vers 1480. Il perdit la vue à l'âge de trois ans; mais cet accident ne l'empêcha pas de cultiver ses dispositions naturelles. Il fit dans la langue latine des progrès remarquables en raison des difficultés qu'il avait à vaincre. La méthode qu'il avait employée pour apprendre la grammaire, lui apprit à l'enseigner aux autres et, après quelques essais dans différentes villes de Flandre, il vint à Paris. Les talents de l'aveugle

(1) Voici la liste des principaux ouvrages de ce malheureux latiniste aveugle, tant raillé par Aléandre, que nous rangeons par ordre chronologique :

— Ars versificatoria, 1506; autres éditions : 1520-24, 1529, 1538, 1543 ;

— Opera poetica, 1507, in-4°. Cf. Brunet, *Manuel du libraire*, éd. de 1820, t. III, p. 133 ;

— Decem eclogae hecatostichae, 1512, in-4° ; 1513, Gand ;

— Lucani Pharsalia, cum familiari ac perlucida annotatione Petri de Ponte Caeci Brugensis, Parrhisiis, per Guiel. Lerouge, expensis Dionisii Roce, 1512, petit in-8°. Edition très rare et remarquable en ce que presque tous les vers ont une majuscule ornée. Cf. Brunet, *Manuel du libraire*, éd. de 1820, t. II, p. 381 ;

— Grammaticae artis pars prima, 1514, in-4° ; nouvelle édition augmentée, 1528, in-4°. Dans la préface Pontanus répond à Jean Despautère qui l'avait repris sur la quantité d'un mot ;

— Grammaticae artis pars secunda, 1529 ;

— Poema de funere Ludouici XII, 1515, in-4° ;

— Apologia in litteratores qui pleraque diuini sacrificii vocabula usurpant, 1516, in-4° :

— Carmen extemporaneum de inuictissimo Francorum rege, Francisco primo, Paris, in-4° :

— Liber figurarum tam oratoribus quam poetis vel grammaticis necessariarum. 1521, in-4° ; 2° édition, cum recriminatione in adversarium, 1527, in-4°. Cet adversaire est encore le fameux Despautère que Pontanus traite vertement, tout en rendant hommage à son érudition ;

— Duplex grammaticae artis isagoge, 1527, in 4°. Pontanus

de Bruges y excitèrent un vif intérêt. Il ouvrit une école qui fut très fréquentée et peu de temps après il obtint en mariage, — mariage dont nous verrons plus tard Aléandre se moquer, — « une demoiselle d'une honnête famille dont les soins adoucirent sa situation », selon les expressions d'un biographe sentimental. Pontanus était très laborieux et très pieux. Ses leçons lui prenaient six heures par jour, et il donnait tout le reste du temps à l'étude et à la prière. En dépit des sarcasmes d'Aléandre, il avait su se créer un groupe d'amis fidèles et d'élèves dévoués, admirateurs enthousiastes de cette érudition si péniblement acquise. Un

dédia cette grammaire à son fils aîné nommé Félix ;
— Salutiferae confessionis eruditio, in-4° ;
— Carmen de abitu et reditu pacis ;
— Paroemiae gallico et latino sermone contextae, Paris, in 4°.

A ces livres que mentionne la *Biographie Michaud*, nous en pouvons ajouter quelques autres que nous avons nous-même parcourus à la Nationale :

— Petri Pontani Ceci Brugensis congratulatio de inuictissimi Francorum regis, Francisci primi, optato post edomitos Heluetios in Gallias reditu, Venundantur Parrhysiis a M. Nicolao de la Barre, e regione Collegii Longobardorum sub intersignio diui Joannis Baptistae (Réserve G. 2814) ;

— Petri de Ponte Ceci Burgensis de inuictissimi Philippi regis Castiliae et ducis Flandriae obitu elegum carmen, apud Johannem Gourmont.

— Doctissimi viri Petri de Ponte Ceci Brugensis de Sunamitis querimonia liber primus. Eiusdem ad diuersos amicos epygrammata. Item nouem peanes carminibus variis et periucundis, apud Johannem Gourmont. Cet ouvrage est dédié à Lefebvre d'Etaples : « Magistro Jacobo Fabro Stapulensi, philosophorum facile principi Petrus de Ponte Cecus brugensis cum omni humilitate salutem. » Il y a dans cet ouvrage un assez curieux péan, le septième, sur sainte Geneviève ;

— Celeberrimi viri M. Petri de Ponte Ceci Burgensis in inuidos triloga inuectatio, praeclaris referta sentencijs, apud Robertum Gourmont.

Ces trois derniers opuscules se trouvent dans les *Varia carmina*, t. XVI, Bibliothèque Nationale, Inv. Réserve, in Yc 930.

latiniste contemporain, Simon Charpentier, dans une lettre dédicatoire mise en tête d'une édition des *Lettres* d'Agostino Dato, de Sienne, publiée en 1516 chez Denys Roce, imprimeur de l'Université, louait Petrus Pontanus de ses poèmes en l'honneur de sainte Geneviève. Après l'avoir comparé à une foule d'hommes célèbres qui ont été aveugles, Simon Charpentier déclarait que l' «aveugle de Bruges» leur était bien supérieur et, en terminant sa lettre, il lui adressait ces mots : « *Vale, Homeri anima* (1). »

Comme on le voit, Michel Hummelberger allait quitter Paris où Aléandre ne devait plus le revoir. Aléandre, au moment du départ de son élève, lui adressait ces mots d'adieu. C'était en même temps une sorte de certificat qui attestait la valeur et le sérieux des études de Michel Hummelberger :

Souvenir de Jérome Aléandre a son frère Michel Hummelberger.

Je lui demande d'abord que, se souvenant de la volonté divine, il prenne soin de sa santé, puis qu'il parsème en notre chère Allemagne les lettres grecques dans lesquelles je le crée et l'institue, de ma propre liberté, Docteur et Professeur, non seulement pour l'explication des auteurs, mais pour leur impression.

Qu'il me recommande à ses frères, à tous ses amis et en outre à Bebel et à Reuchlin, s'il en trouve l'occasion. Je crois que pour l'abbé de Salem [?] j'ai toujours été recom-

(1) Nous reproduisons en appendice cette lettre dédicatoire de Simon Charpentier à Petrus Pontanus.

mandable. Enfin qu'il m'aime et m'écrive quelquefois, qu'il soit heureux dans la réalisation de ses espérances et qu'il se porte bien.

Aléandre a laissé dans l'histoire orléanaise le souvenir de son passage. Son nom, comme celui de tant d'autres écrivains, est attaché à la mémoire de la fameuse université de lois, l'un de ces grands centres intellectuels que la France nouvelle envie toujours à la vieille France. Dans un *Panégyrique d'Orléans*, composé en 1517 (1), ce même Pyrrhus d'Angleberme qui, pendant son rectorat, avait appelé Aléandre, énumérait les titres littéraires de sa patrie, et, dans une belle période cicéronienne, il faisait à sa ville natale une gloire d'avoir vu dans l'enceinte de ses écoles le docte Italien. « C'est « ici, s'écriait-il, dans la ferveur de son enthousiasme « local, c'est ici qu'ont enseigné Erasme pour le latin, « Aléandre pour le grec, Reuchlin pour l'hébreu ; c'est « ici qu'ont vécu Emile, l'écrivain des annales de « France, Budé, la gloire de la Gaule, et une infinité « d'autres hommes remarquables qui ont laissé de « nombreux monuments de leur science (2) ». Et Pyr-

(1) Cf. *Opuscula Pyrrhi Anglebermei, legum professoris Aureliani bonarumque artium studiosi*. Venumdantur Aureliae, in aedibus Jacobi Hoyo, vulgariter *à l'escripuaineric, près l'église Notre-Dame-des-Bonnes-Nouvelles*, 1517. On trouvera encore ce panégyrique dans François Le Maire, *Recueil des poèmes et panégyriques de la ville d'Orléans*, chez Maria Paris, 1646 : *Panegyricus Aureliae, urbis clarissimae*, autore Pyrrho Anglebermaeo, legum professore Aureliano, anno 1517, p. 8.

(2) » Hoc est fertilissimum disciplinae virtutisque seminarium ubi non defuerunt olim neque desunt plurimi qui primas literas eleganter docteque profiteantur. Hic namque Erasmus in Latinis

rhus, à la fin de sa *Militia Francorum regum pro re Christiana*, publiée en 1518 (1), insérait encore une épigramme enthousiaste sur l'hellénisme orléanais :

CARMEN DE AURELIANAE ACADEMIAE CELEBRITATE.

Dicatur Genabum nunc Gallograecia nostrum ;
Attica nunc ad nos porticus ipsa venit.
Hic pueri graecum discunt lallare τὸν ἄρτὸν
Et reperit τύπτω foemina quaeque suum.
Nostra bonis Latium foelix Aurelia vincit
Artibus et legum dicitur alma parens.

« Qu'on appelle maintenant Genabum notre Gallogrèce ; le portique d'Athènes est maintenant chez nous. Ici les enfants apprennent à bégayer en grec τὸν ἄρτον (le pain) et toute femme connaît son verbe τύπτω. Notre heureuse Orléans l'emporte sur le Latium dans les arts libéraux, et on l'appelle la mère féconde des lois. »

Pourtant, semble-t-il, l'impulsion donnée aux études grecques orléanaises par Aléandre semble s'être assez rapidement arrêtée, puisque, dans l'une de ses oraisons,

et ALEANDER in *Graecis*, et Reuclinus in Hebraicis eorumque singuli in omnibus praestantissimi. Et Aemilius, Francorum annalium scriptor, et Budaeus, Gallorum gloria, alibi a me, satis a sese commendatus, aliique sine numero clarissimi heroes insignesque viri doctrinae suae monumenta reliquere. »

(1) Cf. *Militia Francorum regum pro re Christiana*. Ad magnum Franciae cancellarium Anto. Pratum. Vaenumdantur cum quibusdam Joannis Pyrrhi epigrammatis in aedibus Ascensianis.... Finis sub praelo Ascensiano nono Calendas Martias sub annum humanae redemptionis sesquimillesimum decimum octavum (Bibl. Nat., Réserve, G. 2816).

6

L'amour de la Patrie, publiée en 1536(4), Gentien Hervet, d'Orléans, un théologien en même temps qu'un humaniste distingué du temps, qui avait été à Paris le condisciple de Thomas Morus et du fameux et savant cardinal Raynald Pole, se plaignait que ses compatriotes, habiles depuis longtemps déjà en toute autre étude, semblaient n'avoir pour les études grecques qu'un goût fort médiocre. Ces plaintes de Gentien Hervet, — soit dit en passant, — paraissent indiquer une légère solution de continuité dans cet amour du grec qu'un érudit (1) attribue aux Orléanais d'autrefois.

La peste ne régnait plus à Paris. Alcandre, malgré l'admiration et les amitiés qui l'entouraient à Orléans, n'oubliait pas l'Université de Paris. Sa verve, sa muse, comme autrefois celle d'Erasme dans cette même ville(1), se glaçait peut-être au milieu de cette

(4) Gentiani Herveti Aurelii *Orationes*, Aureliae, apud Fr. Gueiardum, 1536 : « Quanquam autem intelligam Aurelios meos in omni disciplinae genere his jam multis annis feliciter fuisse versatos, unum tamen eis defuisse non parum aegre fero, quod est ad omne humanitatis, omne doctrinae, omne disciplinae genus accommodatissimum atque adeo necessarium, graecarum nempe literarum cognitionem. » *(Oratio de amore in patriam).*

(1) M. Ch. Cuissard, bibliothécaire de la Ville d'Orléans, dans son mémoire sur l'*Etude du grec à Orléans depuis le IX*[e] *siècle jusqu'au milieu du XVIII*[e] *siècle*, dans *Mémoires de la Société archéologique et historique de l'Orléanais*, t. XIX.

(1) Lettre d'Erasme à Fausto Andrelini, écrite d'Orléans en novembre 1499 : « *Quanquam ad remigrandum jamdudum hinc musae me hortantur meae quae quidem hic inter Accursium, Bartolum et Baldum misere frigent* .. ». Voyez cette édition dans *P. Fausti Andrelini Forliuiensis, poetae laureati atque oratoris clarissimi, epistolae*, Lutetiae, apud Petrum Gomorsum. La vieille école d'Accurse se faisait gloire de former des légistes si exclusivement renfermés dans l'étude des lois et si

atmosphère trop juridique, parmi Accurse, Bartole et Baldus. Le 14 juin 1511, il quittait Orléans et se mettait en route pour Paris.

étrangers aux belles-lettres que c'est à eux qu'on attribue le dicton : « *Graecum est, non legitur.* » Rabelais se moque de « la glose d'Accurse tant salle, tant infâme et punaise que ce n'est qu'ordure et villenie. »

APPENDICES

I

BIBLIOGRAPHIE

DES

ÉDITIONS GRECQUES & LATINES

Publiées par JÉROME ALÉANDRE

Pendant son premier séjour à Paris et son séjour à Orléans

(4 juin 1508 — 14 juin 1511)(1)

I

Plutarque, *Opuscules,* **éd. G. Aleandro (30 avril 1509)**

ΤΑ ΤΗι ΒΙΒΛΩι ΠΕΡΙΕΙΛΗΜΜΕΝΑ.

ɑ Πλουτάρχου χαιρωνέωσ, περὶ ἀρετῆσ, καὶ κακίασ.

ɑ Τοῦ ἀυτοῦ, περὶ τύχησ.

ɑ Τοῦ ἀυτοῦ, πῶς δεῖ τὸν νέον ποιημάτων ἀκούειν.

QVAE HOC LIBRO COMPREHENSA SINT.

ɑ Plutarchi Chæronei, de virtute, et vitio.

ɑ Eiusdem, de Fortuna.

(1) Nous empruntons la description des éditions grecques à l'excellent travail de M. Henry Omont, *Essai sur les débuts de la typographie grecque à Paris (1507-1516)*, Paris, 1892, et celle des éditions latines à la thèse de M. J. Paquier, *Jérôme Aléandre (1480-1529)*, p. XI et suiv.

ɑ Eiusdem, quemadmodum oporteat Adulescen || tem poemata audire.

Ἱερωνύμου Ἀλεάνδρου τοῦ Μωττᾶ.

Καὶ τόδε τῶ Μωττᾶ φοιτητὰσ αἰὲν ἀρῆγεν,
οὐ μόνον ἐν σοφίᾳ, ἀλλὰ καὶ ἐν δαπάνᾳ,
Ὃσ γὰρ, ὁποῖα μελισσα κατ᾽ ἄνθεα, θεῖον ἄωτον,
πλαζομένα, δροσερῶ νέκταροσ ἐκδρέπεται.
Ὣσ βίβλων ἄπο χειροπληθέων, οὐδὲ τυχόντοσ
Δευομένων χρυσῶ, δείγματ᾽ ἀπανθίσατο,
Ἄξι᾽ ἔχεν σφετέρωσ πολέασ περ ἐόντασ ἑταίρωσ
χ᾽ ἑλλαδικᾶσ γλώσσης πάντασ ὀρεξομένουσ.

Fol. 1 v°. HIERONYMUS Aleander Mottensis/verae phi || losophiae/in parisino Gymnasio/candidatis. S. || [Q] Vum varias essem linguas....

Fol. 4 ΠΛΟΥΤΑΡΧΟΥ ΧΑΙΡΩ-||ΝΕΩΣ ΠΕΡΙ ΑΡΕ-||ΤΗΣ, ΚΑΙ | ΚΑΚΙΑΣ.

[ ] τὰ ἱμάτια δοκεῖ...

Fol. 49 v°, 50 v° *blancs.* — *Fol.* 50 v°.

[Première marque de Gilles de Gourmont, avec ces mots grecs distribués sur les quatre côtés : χεὶρ χεῖρα νίπτει, καὶ δάκτυλος δάκτυλον — ἀνὴρ ἄρ᾽ ἄνδρα — καὶ πόλισ σώζει πόλιν.]

Lutetiæ Parisiorum in ædibus Egidii Gour-||monti. M.D.IX. pridie calen. Maij. virtute || duce et comite fortuna.

[Petit in-4°, 50 feuillets non paginés, de 18 lignes à la page (156×90mm) ; 2 fol. prélim. et signatures α. ιι - κ. ιι Accents indépendants des lettres [*Mazarine*, 10487, 14331 ; *Nevers*, 1780. (1)]

(1) Sur la tranche dorée de la reliure en veau gaufré du XVIe siècle de l'exemplaire n° 14331 de la bibliothèque Mazarine, on li en lettres gothiques ciselées : « *Magister* || *Franciscus* || *Tissardi.* »

II

Isocrate, *Discours à Nicoclès*, **éd. G. Aléandro (Mai 1509)**

ΙΣΟΚΡΑΤΟΥΣ *ῥήτοροσ, πρὸσ || νικοκλέα, περὶ βασιλεί || ασ λόγοσ.*
[Ο]Ι *μὲν εἰωθότεσ ὦ νικόκλεισ, ὑμῖν || τοῖσ βασιλεῦσιν....*

Petit in-4°, 16 feuillets non paginés, de 12 à 16 lignes à la page (125/145 × 84^{mm}) ; signatures Αi-Δij. Accents indépendants des lettres [*Mazarine*, 14331 ; *Nevers* 1780] (1).

III

Isocrate, *Discours à Démonique*, **éd. G. Aleandro (Mai 1509 ?)**

Ισοκράτουσ πρὸσ Δημόνικον || λόγοσ παραινετικόσ.
[Ἐ]ν *πολλοῖσ μὲν ὦ Δημόνικε πολὺ διε || στῶσασ εὑρήσομεν...,*
Les fol. 15 et 16 sont blancs.

[Petit in-4°, 16 feuillets non paginés, de 14 à 16 lignes à la page (135/148 × 84^{mm}) ; signatures *α-δ* ij. Accents indépendants des lettres. [*Mazarine*, 14331 ; *Nevers*, 1780.]

IV

Stace, *Sylves* **(1509 ?)** (2)

Aucun titre.

F° 1 v°. Hieronymus Aleander Motten || sis illustrissimo adules || centi Lodovico Bor || bonio Vindoci || nensi S. P. D.

(1) Cf. Panzer, *Ann. typogr.*, t. IX, p. 327, n° 680 *b* : Michel Denis, *Lisefrüchte*, t. II, p. 18, n° 30.

(2) Cf J. Paquier, *Jérôme Aléandre*, Paris, Ernest Leroux, 1900, p. XII. — Stace avait été au moyen-âge, l'un des auteurs les plus étudiés. Cf. le P. Daniel, *Des etudes classiques dans la société chrétienne*, Paris, 1853, p. 111 et suiv.

Statii Papinii Sylvas nunc primum in Gallia impressas....

F° 2 v°. *Argument du premier livre des Sylves.*

F° 3. Statii Papinii... Sylvarum liber primus (—quintus).

Aucune date, ni nom d'imprimeur. Mais, d'après l'epître dédicatoire, on voit que cette édition dut paraître en 1509 ou dans les premiers mois de 1510.

[In-4°. 76 feuillets non paginés (le dernier est en blanc) de 28 lignes à la page (191 × 146mm). Signatures : a-k. (*British Museum*, 11388 d. 6 ; Gœttingen, *Bibliothèque de l'Université*, lit. lat. A IV, 4000 (1)].

V

Alphabet hébreu et grec (1510 ?)

ɑ ALPHABETVM HEBRAICVM || ET GRAECVM.

Vt reliquos flores placido rosa vincit odore
Sic hec arma ferens cunctos excellit honore.

[Armes d'Angleterre, écartelées, entourées de la Jarretière, avec la devise : *Hony soyt qui mal y pense*, la couronne royale, et, au-dessus, la devise : *Dieu et mon droyt*. Les armes d'Angleterre sont cantonnées d'une rose, d'une grenade, d'une fleur de lys et d'une herse avec ses chaînes.]

O regina rosam promit dum lucifer ortum
Collige, sic speciem serues atque eius odorem.

Fol. 1 v°. ALPHABETVM HEBRAICVM.

Fol. 2. ɑ Libellus græcus.

Petri Anto. Cagianigi ὠδή.

Aere qui græcus cupit esse parvo
Hunc emat parvum propere libellum,
Græca nam nostris elementa servat
Mixta figuris.

Pauli Carnevali ἑξάστιχον *ad juvenes.*

(1) L'exemplaire de Gœttingen mesure 200 × 140mm.

Ingenui juvenes, quorum acceptabile virtus
Delphica vult duplici cingere fronde caput,
Currite, nam græci refluunt ad nostra liquores
Flumina, quae mixtis mixta fuere vadis:
Parva petit, nummos vult, non vult quinque trientes :
Ut faciat lucri bibliopola parum.

Io. Francisci Cruci ἐνδεκασύλλαβον.

Quisquis graeculus esse vult, et optat
Ferre in pectore græeca cum latinis,
Hunc hunc (si sapit) hunc emat libellum.

Fol. 7 v°. *Antonelli Arcimboldi tetrastichon.*

Currite Phocaici, nunc prata per itala fontes
Currite fœlices, magnus Apollo jubet,
Branda decus Latiae necnon virtutis amator
Cecropiæ, duplex vult diadema puer.

Fol. 8. ABREVIATIONES GRAECAE (Gravées sur bois).

Fol. 8 v°. ɑ Erratula si forte nonnulla Inter legendum offendan- || tur/aut litterarum superantium, aut aliarum vice/posita || rum, aut deficientium / attramento tenaci/et veluti piceo/impressorum incuria/extractarum. Lectores velim exo-||ratos *a*equo animo ferant, haud mihi quicq*uam* horum ascri-||bentes. Reliqua vero/si quidem superflua, benevole ex-||pugnant. Que vero deesse videbuntur haud indignan-||ter addant/ac suppleant.

[Petit in-4°, 8 feuillets non paginés, de 22 et 25 lignes à la page (170/150×90mm) ; signatures A i-A iij. Accents indépendants des lettres. [*Bibl. nat.*, X. 62 A.]

VI

Lucien, *Opuscules* **(vers 1510)**.

Ἐνύπνιον ἤτοι βίοσ Λουκιανοῦ Σα || μοσατέως ῥήτοροσ.
ΑΡτι μὲν ἐπεπαύμην εἰσ τὰ διδασκαλεῖα || φοιτῶν,...
Fol. 7. Πρὸσ τὸν εἰπόντα προμηθεὺς || εἶ ἐν τοῖσ λόγοισ.
Fol. 10 Πρὸσ Νιγρῖνον ἐπιστολή.

Fol. 10 v°. Νιγρῖνος, ἢ περὶ φιλοσόφου ἤθους.

Fol. 24. Δικη φωνηέντων.

Fol. 28. Τιμων ἢ μισάνθρωπος.

Fol. 48. Ἁλκυων ἢ περὶ μεταμορφω- || σέως.

Fol. 51. Προμηθεύς ἢ Καύκασος.

Les fol. 59-60, *blancs* (?), *manquent.*

[Petit in-4°, 60 feuillets non paginés, de 19 à 22 lignes à la page (130/152 × 92mm) ; signatures αι-π.ιι (il n'y a pas de cahier ξ). Accents indépendants des lettres. [*Dresde*, Bibliothèque royale, Lit. græc. B. 1864.]

VII

Salluste, *Œuvres* (13 janvier 1510)

F. 1 Crispi Sallustii De conuira || tione Catilinae. || Eiusdem de bello Iugurthino. Orationes quaedam ex libris historiarum. C. Crispi Sallu. Ejusdem Oratio contra M.T. Ciceronem. || M.T. Ciceronis Oratio contra C. Crispum Sallustium. || Ejusdem Orationes quatuor contra Lucium Catilinam.

[*Marque typographique de Josse Bade.*]

F. 1 v°. Hieronymus Aleander clarissimo viro, Franci || sco Poncherio, uni e patribus supremae curiae Pari || sinae, Archidiaconoque Josatensi, et sacratissimi Pa || ri siensis pontificis generali vicario S.P.D *Praeter multam bonarum literarum et juris utriusque peritiam.* ... *Lutetiae Parisiorum*, M.D.X. || *eidibus Januarii.*

A la fin: In aedibus Ascensianis IX. Kal. Novem. M. D. XIII (1).

[Petit in-4° (151 × 91mm). (Dresde, *Bibliothèque royale*, lit. rom. B. 3647.

(1) Cf. J. Paquier, *Jérôme Aléandre*, Paris, Ernest Leroux, 1900, XIII : « Il y a donc un espace de plus de trois ans entre la date de la préface et celle de l'édition.. Il faut peut-être supposer une édition de 1510, dont il ne reste aucune trace. En 1513, Josse

VIII

Cristoforo Landini, *Camaldulenses Disputationes* (**24 mars 1511**)

F. 1r. Cristophori Landini Florentini. || Camaldulensium disputationum opus doctrinae et || elegantiae plenissimum.

[*Marque typographique de Jean Petit*].

Venundantur Parisiis a Joanne Parvo in vico divi || Jacobi sub aureo lilio se continente.

F. 1. v°. *Gravure avec la devise :* Spes in B. Phoenicem susti/net.

F. 2. Michael Hummelbergius Ravensburgen || Sis Lectori Salutem dicit. *Habes in hoc volumine, Lector studiossissime.... Lutetiae Parisiorum, nono Kal. Apri.* MDXI. || *Ratione Romana.*

A la fin : Impressum est hoc Camaldulensium quaestionum || Opus Parisiis pro Joanne Parvo se In vico divi Ja || cobi sub Lilio Aureo Continente, 1511.

[In-4°. 8 feuillets préliminaires non paginés : LXXXVI feuillets chiffrés, de 40 lignes à la page (193 × 130mm). Signatures (prélim. a.iiii) a.iii-p.iij (Paris, *Bibl. Nat.*, Inv. Réserve, Z. 1061) (1)].

Bade aurait publié une nouvelle édition en tête de laquelle il aurait reproduit l'épître dédicatoire de 1510. Ces reproductions de préfaces et d'épîtres dédicatoires n'étaient pas rares....». — Dans cette épître dédicatoire. Aléandre (voir plus haut, p. 42) disait : « Si quelqu'un compare les autres éditions de Salluste à celles de Josse Bade, il trouvera sans aucun doute que ce très grave auteur, naguère nouvel Hippolyte aux membres épars, est, lui aussi, devenu Virbius par la puissance divine, comme autrefois les membres du héros par la puissance de Diane.» (Cf. J. Paquier, *Jérôme Aléandre* (1480-1529), p. 80.

(1) Cf. J. Paquier, *Jérôme Aléandre*, Paris, Ernest Leroux, 1900, p. XIII.

IX

Théocrite, *Idylles*, éd. C.-H. Descousu (1511)

Θεόκριτου είδυλλια τοῦ τ'ἐστὶ μικρὰ || ποιήματα τριάκοντα.

[Première marque de Gilles de Gourmont, avec le premier *o* cassé et la légende, à gauche : Τλήμονες δις' ἀγαθῶν ωέλας (pour πέλας), et à droite : ὄντων οὐκ ἐσορῶσιν.]

ɑ Venales reperiu*n*tur in vico sancti Ioannis la- || teranensis e regione cameracе*n*sis collegii apud || Egidium gourmont diligentissimum et fidelissi || mum Bibliopolam.

Fol. 1 v°. Hieronimo Aleandro mottensi Viro trium linguaru*m* doctis || simo gr*a*ecas Aureli*a*e litteras profitenti, Celsus Hu || go dissutus cauillonus celta. earu*m*dem : || necno*n* & hebraicarum apud || parrhisios interpres. S. || ɑ Doctrina*m* et eruditione*m* tuà*m* admirari sole*n*t...

Fol. 2. Θεόκριτου θύρσις ἠ ὠδὴ || Εἰδύλλιον πρῶτον. || ...

Fol. 62v°. Τῷ Πανί. (Simmiæ Rhodii vel Theocriti Syrinx).

Fol. 63. Εἰσ νέκρὸν Ἄδωνιν. — *Le fol.* 64 *est blanc.*

[Petit in-4°, 64 feuillets non paginés, de 23 lignes à la page (158 × 100mm) ; signatures A.ii.-I.iii. Accents indépendants des lettres. [*Arsenal*, *bis*, 2284 B ; *Nevers*, 1780 ; *British Museum* 73. i.I.]

X

Ausone, *Œuvres* (1511)

F. 1 v°. Ausonii Paeonii Burdigalensis Medici Poetae || Augustorum praeceptoris Virique || consularis : opera diligenter casti || gata et in pulcherrimum ordinem || e pristina confusione || restituta : in officina || Ascensiana.

[Marque typographique de Josse Bade.]

F. 2-6. *Index.*

F. I-CXVI. *Œuvres d'Ausone.*

F. CXVI[v]-CXVIII. *Errata.*

F. CXVIII. Michael Hummelbergius R. ‖ Lectori S. *Haec obiter recognovimus.... Lutetiae Parisiorum MDXI. Ex aedibus Ascensianis.*

[In-4°. 6 feuillets préliminaires non paginés ; CXVIII chiffrés, à part les deux derniers ; 26 lignes à la page (205×137[mm]). Signatures (prélim. a4). A-p.iii (Paris, *Bibl. de l'Institut*, Q, 86. Au dos de la reliure : Ausonius, Paris, 1511. Bibl. Sorbonne ; *British Museum*, 11385 bb. Incomplet.) (1).

---

(1) Cf. J. Paquier, *Jérôme Aléandre* (1480-1529), Paris, Ernest Leroux, 1900, p. XIV.

II

DOCUMENTS IMPRIMÉS ET MANUSCRITS

Relatifs au premier séjour d'Aléandre à Paris

(4 juin 1508 – 8 décembre 1510)

I

HIERONYMUS ALEANDER MOTTENSIS VERAE PHILOSOPHIAE IN PARISINO GYMNASIO CANDIDATIS, S. (1)

Quum varias essem linguas in hac inclyta Academia publice professurus, idque omnes fere (ut videre visus sum) non expeterent modo, verum etiam maxime efflagitarent, nihil mihi tam esse aduersarium videbatur quominus nostris et auditorum votis satisfacerem quam librorum eorumque Graecorum et Hebraicorum defectus. Nam Hebraicos libros, quum paucos ubique, tum in Gallia paucissimos, et praeter quos in meorum studiorum usum multa pecunia multisque laboribus hinc inde conquisitos satis mecum multos comportaui, vix ullos puto alios reperias, duos tresve ad summum et eos aliunde petitos; quanquam magno apud se precio aestimant, mihi tamen videndi benigne copiam fecerunt nonnulli in hac urbe viri cum aliis scientiis clari, tum hebraicae quoque linguae, nescio quibus usi praeceptoribus, non parum periti. Cuius penuriae illum fuisse causam facile existimarim quod quum iam multos annos Hebraeorum hominum commercia ignoret haec regio cessantibus eius linguae doctoribus facile etiam

(1) Cf. la traduction de cette préface, p. 22-27 de ce travail.

volumina interierunt. Graecos vero optimos illos quidem habemus ex Italia et pulcerrimis characteribus informatos, sed eosdem propter ingens imprimendi et convehendi impendium tam paucos eosque ipsos adeo caros ut quum quotcunque huc afferuntur vix tribus quatuorve sufficiant graecarum literarum studiosis nedum tot millium quot hic sunt scholasticorum numero: ne si maiore quidem copia comportantur multo, quam nunc, plures, qui eos libros emant, continuo inveniantur. Quum ubique fere accidat ut qui maxime studere velint eorumdem praeclaris ingeniis optimisque desideriis non perinde splendida fortuna respondeat: immo contra iis quos penes est facultas libros sibi comparandi reliquaque ad studiorum usum necessaria: saepius vel ingenium desit, vel sancta illa libido qua omnes (modo vere homines simus) stimulamur ad nauandam operam bonis literis Quare ne cui studendi tollatur occasio, facturus precium curae mihi visus sum si ex optimo quoque graecae primum linguae auctore (nam hebraicae typos nondum excusos habent impressores nostri) aliquod quasi specimen imprimendum curarem quibusdam characteribus qui primi in hac urbe habebantur non multum illis quidem elimatis, sed quos tamen pro tempore speremus fore non inutiles. Quod hactenus feci in tribus hisce quos latine expposituri sumus grauissimi scriptoris Plutarchi commentariis, facturus itidem, fauente humani generis Assertore, in Homero, Euripide, Aristophane, Theocrito, Thucydide, Xenophonte, Demosthene, Isocrate, Platone, Aristotele, Hippocrate, Galeno, Ptolemaeo, Nicomacho, Aristide, Luciano, Philostrato, Libanio, Basileo, Gregorio Nazianzeno, Johanne Chrysostomo, Damasceno, aliis omnibus, quotquot nostris temporibus reperiuntur, theologis, philosophis, medicis, mathematicis, oratoribus, historicis et poetis, e quibus omnibus aliquid, ut primum fuerit impressum, enarrabimus in nostram et auditorum utilitatem semper cum graecis latina conjungentes: quod ubi se facere gloriatur M. Tullius, Latii immortale decus nostraeque eruditionis tutissimum exemplar : nihil aliud quam latenter idem nobis innuit faciendum. Qua in re illud in primis praeloqui volo me non anxie nimis eorum quae iam publicata a nobis sunt fecisse delectum quaeque posthac publicabuntur facturum : simul quia optima putamus omnia quae posteris a veteribus relicta, vobis sum ipse traditurus: simul quia interdum habenda erit ratio impressorum qui cum fere quaestui studeant non tam facile quidquid illis proponas imprimere volunt : ac nisi quod modici sumptus indigum, praesentaneum secum ferat lucellum. Quorum tamen culpam, praestare nolumus nec debemus si quae nonnunquam offendent labeculae studiosum lectorem neque enim nos in hoc negocio opifices sumus et alioqui consulturos boni speramus qui haec legent, si considerent peculiare fere hoc esse huiuscemodi artibus et praesertim impressoriae. Quae quanquam diuinitus meo quidem iudicio nobis data quum tamen mortalium manibus tractetur, per tot adminicula transeat, tot mutationes priusquam vel unum versum imprimas patiatur, nihil mirum si saepiuscule quod vix ipsi nos homines euitare possumus errores incurrant. Quos tamen in nostris his libellis (nisi me fallant ii quibus iniuncta ea cura fuit) neque nimis frequentes neque (ut spero) inexpiabiles partim per se vel semidoctus lector castigabit, partim nos inter publice profitendum diligentissime corrigemus.

Caeterum tantum abest ut hos labores ullius captatione gloriae sumpsisse mihi videar ut optime cognoscam (quid enim cognitu facilius?) et ingenue fatear rudimenta esse haec minima ad studiosorum modo temporarium usum excogitata Debetur in eiusmodi negociis gloria perpetuae immortalitatis Aldo Romano (1) praestanti moribus et doc-

(1) Aléandre avait collaboré à l'édition des *Plutarchi Opuscula LXXXXII*, Venetiis, in aedibus Aldi et Andreae Asulani Soceri, mense Martio, MD.IX (Bibliothèque nationale, Inventaire J. 94, Réserve). On trouve dans cette édition une épigramme grecque de « Jérôme Aléandre de Motta ».

trina viro. Qui quum editis in lucem optimis et eisdem pulcerrimis diuersorum auctorum libris graecam prius linguam paene interemptam restituisset, nunc latinam cum graeca simul illustrat miro successu, facturus itidem in hebraica nisi vere ferrea Musisque semper infesta bellica obstarent tempora. Huius perclaris inuentis haec quae faciunt impressores nostri non adsurgant modo velim, verum etiam eo a nobis animo suscepta credantur: ut haec ad ea quae apud Aldum imprimuntur facilius euoluenda rudibus quasi viam substernant. Nobis sane illud principio fuit institutum ut non tam librorum copia quorum hic penuria foret quam per nostras praelectiones Academiam hanc variarum linguarum doctrinam et earum maxime quibus scientiarum arcana credita sunt, locupletiorem redderemus. Quod fecimus hactenus priuatim et ut publice faceremus necesse habuimus impressores non solum stimulare ad graecos libros informandos, verum etiam interdum iuvare. Quod si aliquando quod intendimus assequamur, quis non videt non Galliae tantum, sed et Germaniae et Britanniae, Hispaniis praeterea ipsis hac in parte consultum iri a quibus innumeri quotidie ad hanc urbem tanquam ad amplissimum literarum emporium scholastici concurrunt. Sin vero minus contingat nunquam tamen suscepti me poenituerit laboris quum laudi fere detur ardua quidem molitis, sed ad quae peruenire natura humanae conditionis non prohibeat. Verum nisi me fallit opinio desideriumque huiusce rei magnum, sperare ausim, immo etiam constanter affirmare, non multo post fore ut complures huiuscemodi libelli non graecae tantum linguae, verum etiam hebraicae, sinon pulcre nimis, satis saltem castigate in Gallia imprimantur. Unde facile fiat ut paucis nummis comparata sibi variorum librorum suppellectile habitaque ex nostris praelectionibus quae sua cuique scriptori est loquendi forma (quam ἰδέαν Graeci vocant) unusquisque mox integros eosdem auctores nactus per ipsos, immo per totam Graecam linguam et Hebraicam quaeque illi vicinae sunt, Syriacam pariter et Chaldaicam lato quasi campo libere queat decurrere. Quod quam iucundum, quam honestum, quam denique utile futurum sit homini christiano, sive is humanas seu diuinas literas profiteatur, illis considerandum relinquo, qui ut cognoscunt, sic fateri nen erubescunt, ob earum qùas modo nominauerim linguarum ignorantiam disciplinas fere omnes esse iamdiu contaminatas. Magna sunt profecto quae pollicemur, sed non caritura successu, modo vos ii sitis qui ubi ingenioli et eruditiunculae nostrae (quam etsi minimam nullam tamen prorsus ut esse credam non patiuntur doctissimi quidam viri qui de nobis bene sentiunt) vires defecerint, uos diligenti studio in commune negocium incumbatis. Tum si mutuo amore benignoque et frequenti auditorio Aleandrum vestrum, impressores vero ipsos exigua stipe demerendo ad maiora posthac adgredienda reddatis alacriores. Ad quod iamdiu quum videam vos inflammatos idque apertis tantum non faucibus expetentes, si pluribus adhorter, vereor ne quod Homericus ille sagittarius hortanti ipsum Agamemnoni respondit unusquisque pro se vestrum facile in me contorqueat paucis immutatis :

Ὦ φίλε, τίπτε με νῦν σπεύδοντα καὶ αὐτὸν ὀτρύνεις.

Valete.

II

Préface de Théobald Pigenat *à son édition de Strabon.*

Theobaldus Pigenatus, celeberrimo poetae oratorique et philosopho Hieronymo Aleandro doctori suo S.

Noui quantam concipiant animo leticiam tui omnes non solum discipuli, sed et alii bonarum litterarum sectatores, dum tuae eruditionis amplitudinem ita honorifice ab omnibus audiant praedicari ut in admirationem veniatur quam Musonius Gellianus, non verbis dicit, sed silentio indigere. Gloriamur nos tale doctrinarum specimen sapientique facundia praeditum habere praeceptorem in quo orbis ille disciplinarum quam Graeci ἐγκυκλοπαιδείαν dictitant usquequaque perfectus suscipiatur. Ad haec adcedit tanta virtutum multitudo ut vere dixerim, perinde ac in numeroso cantu, ad constitutionem perfectioris harmoniae, concentus varii confluunt, ita quidquid hominem laudis et gloriae numeris potest absoluere adparenti concursu in te elucescere. His dubio procul omnibus veram tibi immortalitatem comparas. Si quidem ea sunt unde (ut, bucolici carminis deliciae et norma, Theocritus noster, ait, ἀγαθὸν κλέος ἔρχεται ἀνθρώποις cui nemo recta conscientia fretus possit detrahere, nolim tamen michi vitio dent quod in praesentia illorum desiderio non respondeam, tametsi opportunitas oblata videbatur, vel quia minime te istius laudis cupidum sciam, vel quod ne nostra futili loquentia deteratur, satius obuoluendam quodam velamine silencii fuerit, Thimantis egregii pictoris exemplo. Qui, cum in Iphigeniae sacrificio Agamemnonis vultum non satis pro acerbitate summi maeroris pictura exprimeret, uelauit, ut, quod moris ejus fuit, multo plura relinqueret intuentibus aestimanda quam pictura ostenderet. Qualis ejusdem immanis cyclops in parua tabella dormiens cujus satyri colludentes nodos digitorum thyrsis metiebantur, sic cum mihi persuadeam videamque omnia in te eo usque ad amussim facta ut thyrsi quantumuis magni ne minimam quidem tuorum articulorum partem adtingant, aliis itidem considerandum relinquo. Agnouit enim antea te Italia, agnoscit nunc Gallia neque alium litterarum exspectat vindicem et adsertorem qui latinis jam multis annis pene extinctum splendorem rejecto situ restituat cuiusue ductu et beneficicio graecae penitus emortuae reuiuiscant. Spera igitur, sacratissime Musarum antistes, Galliam perpetuo tui nominis ac officii memorem. Neque non merito : si retinebis quantam de te concitasti opinionem, id quod vere facis et eo majore cura atque studio quo alacriores pendere nos vides, ex tuis et graecis et latinis praelectionibus tam multiplici eruditione tamque varia vi eloquentiae scatentibus, ut vera sint animorum pabula et literis cadentibus praesidia : sponte etiamnunc exarsisti ad ingenia benigne fouenda : dum breuiarium diligenti solertia (ut spero non sine successu) excogitatum parasti, quo facilius iter haberent qui fontem literarum sacrosanctum flagranti cupiditate sitirent. Sed nihil hoc iis qui haec ornamenta non aliter refugiunt quam serpens fraxinum. Sciant itaque tuo iussu quae in Latinis sunt adprime necessaria patentiora similiter facta esse. Quippe cum, in superiore anno, post varios Graecosque et Latinos cum oratores tum poetas a te publice praelectos, cosmographiam in honestissimo consessu amplissimoque auditorio uniuersae academiae precibus, profitereris, ea ars tantam auctoritatem apud nos adepta est ut magna olim adprobatione cum ceteris lectionibus perutilis, tum amoenitatibus poetarum omnes philosophiae partes inuolucris obtexentium necessaria fuerit iudicata. Neque id immerito. Non enim solum locorum situs a nobis habìtatos ignorare ut turpe, ita miserum ducimus ; verum et qui hac scientia ignorata poetas interpretandos suscipiunt, varia et portentosa monstra confingere et,quod dicitur,andabatarum more digladiari scimus : quo factum est ut statim cogitare ceperint bibliopolae de parando Strabone et multarum rerum gnaro et id genus doctrinae diligenti admodum scriptore. Qui cum iam imprimerent ad finem, hanc mihi prouinciam injunxisti ut per ordinem litterarum in margine notata in indicem redigerem, hoc quoque pacto consulturus et parum studiosis. Quam profecto suscepissem perinuitus nec me huic oneri imparem negauerim quum deprehendi codices et Venetiis impressos multis in locis deprauatos ac in locorum et urbium nominibus quae magis persequemur aliquando inter se differentes. Quae neque debent neque possunt commode innouari aut restitui sine veneranda Graeci voluminis inuentum rari auctoritate. Sed volui ut intellegeres me in eo in te esse animo, ut quae possim non solum, sed tibi quae non possim debere putem. Maiestas praeterea Latina parum sui fidens non adeo manifestam et certam hujus orthographiae rationem [reddit] ut quidpiam maxime in his immutare audeat, imo magnopere contendat ut in pluribus aliis maneat, nisi a Graecis trahat arma quibus fulciatur: velint nolint admittere quorum multo plus in hac parte caligat animus quam oculi ut merito juxta veterem poetam sint κωφότατα τὸν τε νοῦν τὰ τ'ὄμματα, quidam tumidi et triuiales magistelluli, suam aperte ostentantes temeritatem quamque vesana sint mente, dum queruntur et temporis et aetatis iacturam quod animum in haec studia [νήνεμα] pulcherrima quaeque fluxerunt, conuertimus, jamque seueriora tractant, dum nihil agunt aut, in phantastica chimerarum illusione, quomodo lac gallinaceum sint adsecuturi imaginantur; et nunquam legerunt Catonem jam senio grauescentem et Crassum jam consulem ob similia ab historicis adprime laudatos fuisse; quod ii peruicaciter ita in damnanda heresi obduruerint ut duobus oratorum luminibus M. Tullio et F. Quintiliano in negocii huius judicio non credant, nihil cum illis agendum. Utinam tamen qui eis utuntur praeceptoribus aliquando resipiscant, dolebuntque se miseris in literis bonas horas perdidisse et multis execrationibus detestabuntur tales ἀκριτόμυθους καὶ ἀμετροεπεῖς. Qui suae inscitiae conscii veritatem ideo supprimunt quam perspiciunt, quo dedecore, quaue infamia sese inurerent. Quomodo ei professi satis impudenter se summos unos, longissime absunt, in Latinis doctores, graecas literas quorum prorsus sunt expertes, sine maximo rubore Latinis necessarias faterentur aut multa esse quae intelligi nequeant. Sed de his, ne sim fastidio, finem facimus et tibi, Hieronyme, literarum praeses, cui ut nomen venerandum, quod sacrum, ita caetera omnia, minimum laborem nimirum offerre non erubesco. Quod suam non minus deos mola salsa litantibus quam thure propicios, imo saepenumero placatiores, tuo etiam nomine publicandum putaui, ut quibuscumque profuerimus tibi habeant gratiam, benigne ut in aliis solent errata impressorum negligentiae imputantes. Si vero culpa in nos aliqua rejiciatur, et nonnulla fuerint in ordine perperam reposita, cogitent velim dum festinantiae librariorum satageremus, nos in exemplaria aeque ac ipsi falsa incidisse. Ideo bona venia quibus hoc fuerit compertum in suum locum restituenda. Vale. Ex Parisiis 3 nonas Febru.

[A la fin du livre : 1510 decimo Kalendas februarii (1)].

III

Préface de Guillaume Cop *à son édition des Praecepta salubria de Paul d'Egine.*

Ad reuerendum in Christo patrem dominum Germanum de Ganay, Caduricensem episcopum, Guilielmi Copi Basileiensis in Pauli Aeginetae salubria praecepta praefatio (2).

Medicinam, non infimam philosophiae partem, ornatissime pater, foelici illo seculo, quum florerent bonae literae summopere cultam, nescio quo pacto, humanarum litera-

(1) Le livre d'où cette préface est tirée : *Strabonis, illustrissimi scriptoris Geographia, decem et septem libros continens, e graeco in latinum a Gregorio Typhernate et Guarino Veronense conuersa cum indice haudquaquam aspernando propter meliorem litterarum ordinem servatum.* [Marque de Gilles de Gourmont]. *Veneunt ab Aegidio Gourmont, e regione collegii Cameracensis,* — se trouve à la Bibliothèque de Châlons-sur-Marne, et aussi à la Bibliothèque de Versailles (livres du XVIe siècle, n° 294).

(2) Cf. plus haut, p. 28-30.

rum studiosi negligunt, contemnunt atque a musarum contubernio repellunt. Nisi id est, quod adeo barbarorum fecibus obliterata est, ut nemo cultioris literaturae studiosus, vel minimo, ut inquiunt, digito ea attingere dignetur. Qua de re paucos hodie videas magni nominis viros qui ad ultimam usque senectam perueniant. Sane nostro aevo Picus Mirandula, rerum naturae miraculum, atque Angelus Politianus qui unus a Gothorum incuria linguam latinam vindicare potuisset, ideo per aetatis vigorem immatura morte nobis sublati sunt quod non iustam medicinae in suis lucubrationibus rationem habuerunt. Quum enim, ut est in oraculo, summa hominis prudentia sit seipsum noscere, nescio quomodo ille sese noscere putabit qui animorum semper indagine sollicitus, nullam corporalis naturae sibi rationem proponit. Animum enim sine corporis adminiculo viribus carere phreneticorum insania satis declarat. Itaque nemo se philosophum recte profitebitur, nisi medicinam quoque didicerit. Qua duce in primis corporis naturam, deinde reliquas philosophiae partes, animum postremo seipsum cognoscet. Huius monitis Pythagoras, Empedocles, Democritus, Diocles, Caristius, Praxagoras, Chrysippus, Plato, Dionysius Heracleotes, Xenocrates Platonicus, Carneades, Cleanthes, Xenophanes Colophonius, summi philosophi in ultima senectute mortem obierunt. Aristoteles vero ipse, quum alioquin naturali stomachi infirmitate crebrisque morbidi corporis offensionibus obnoxius esset, ob animi tamen magnitudinem quam ex medicinae scientia conceperat, contra opinionem hominum, ad sexagesimum usque tertium peruenit annum. Id vero nostro aevo, ob hanc maxime causam, contingere solet nemini quod summorum medicorum monumenta, Hippocratis, inquam, Galeni, Rufi, Oribasii, Pauli, Alexandri, pulueribus obsita iacent negliguntúrque. Ac barbarissimi quoque vel temporum incuria, vel circulatorum auaricia inducti illorum loco habent in precio. Ergo quum magna jam antiquorum optimorumque voluminum, tum oratorum et poetarum, tum philosophorum copia Aldi Manutii viri undecunque doctissimi industria nobis restituta sit, laborandum esse duxi, ut medicinae quoque auctores ad pristinae dignitatis lucem resurgant. Igitur graecarum literarum prima rudimenta quae jam pridem in Germania sub Mithridate et Conrado Celte degustaueram, sub utriusque linguae doctissimis praeceptoribus Joanne Lascari atque Erasmo Roterodamo in Parisiorum academia excolere tentaui. Sed ob eorum praecipitem in Italiam abitum, operam fere lusissem, nisi mox Hieronymum Aleandrum, graecae et latinae et hebraicae, adde etiam chaldaicae, doctissimum perpetuum annum poetas et oratores (absque enim horum diligenti lectione nullus facile graecas literas discere posse speret) graece legentem audivissem. Cuius praeceptis formatus, ut studiorum meorum frugem aliquam reponerem, Theodorum Gazam atque Nicolaum Leonicenum, quanquam longo admodum interuallo imitari ac veteres eosque eruditissimos graecos medicos pro virili restituere nisus sum. Atque in primis Paulum Aeginetam qui universam medicinam a Galeno et Oribasio per innumeros fere libros traditam in septem libros compendisse redegit. Horum primum qui bonam valetudinem tueri docet (quod non solum medicis, verum etiam mortalibus universis, non mediocriter conducat, integram servare valetudinem) a reliquis sex libris separare ac latio sermone donare constitui Ne salubria praecepta perpetuo ab ineptis Salernitanorum deliramentis petere oporteat. Qua in re quamvis eloquutio forsitan felicior desiderabitur, quod tamen ad interpraetationis fidem pertinet, nisi nos aliquando exemplaris (quod unum duntaxat habere potuimus) deprauatio fefellerit, nemini cesserimus. Has vero lucubrationum nostrarum primitias tibi, pater amplissime, dicamus donoque mittimus, quod optimarum te literarum asylum, non solum Gallia, verum etiam docta praedicat Italia. Quotquot enim multis jam retro actis annis bonarum literarum studiosi, ad hanc nostram Parisinam applicuerunt academiam, eos, ut es doctissimus, ita perquam humanissime suscepisti, fouisti ac summis honoribus extulisti ; omitto religionem, mores sanctissimos, integritatem, summam eruditionem, generis claritatem, ne de multis pauca attingens, nimis frigide de te laudem. Nam amplissimas tuas virtutes iustum vix volumen explicaret, nedum epistola. Igitur a seriis tetricisque studiis atque arduis istis tuis curis, remisso nonnunquam animo, has nostras minutiores musas legere non asperneris, ut et recte valeas et diutius vivere possis, id quod studiosis omnibus et michi in primis quam maxime optandum est. Es enim alter ille Maecenas, quo recte valente haudquaquam male valebunt literae. Quod si has nostras lucubrationes excellentiae tuae placere senserimus, dabimus operam ut propediem Galeni quoque opera quorum ne umbram quidem adhuc latini viderunt, non minore a Romanis quam Graecis (quantum latini sermonis inopia patitur) facilitate legantur. Vale, pater ornatissime. Ex Parisiorum Lutecia decimo quarto Kalendas aprilis Anno 1510.

(Pauli Aeginetae praecepta salubria, Guilielmo Copo Basileinsi interprete, Parisiis, ex officina libraria Henrici Stephani, anno Christi Salvatoris M.D.X, quarta Aprilis).

IV

*Préface d'*Aléandre *à une édition du De divinatione de Cicéron.*

Hieronymus Aleander Mottensis Guilliermo Copo Basileiensi medico suo, S.

Multa sunt Marci Tullii Romanae vindicis linguae opera quae nondum Gallia impressit, sed ne ullus quidem hactenus (quod sciam) in hac urbe publice enarrauit. Hos interpretandi provinciam, exstimulatus a meis auditoribus, quum suscepissem, libros in primis de Diuinatione imprimendos curaui ea lege ne quis mihi imputet solitos impressorum errores quemadmodum alias menimi protestari. Quidquid vero mihi decusculi debebitur ex publica hac professione, sit licet id perexiguum, totum tamen tibi affero dedicoque, Coppe doctissime, cujus munificentiae non solum quod spiro in hac urbe et placeo, si placeo, debetur (ut Flacci verbis utar), verum etiam quidquid de meo scholasticis huius urbis tum graece tum latine praecipiendo commune facio, totum id tibi acceptum referant necesse est : qui me et ad diuturniorem moram in hac urbe trahendam et ad profitendi prouinciam suscipiendam longis exhortationibus impulisti. Adde quod videtur quodam pacto deberi tibi haec nuncupatura. Cui melius mitti posset hic liber aut cui decentius nuncupari quidquid in eo exponendo de astrologia et diuinatione tractabimus quam Coppo quem constat esse astrologorum nostri seculi facile principem, medicum doctissimum et peritissimum et in utraque lingua omnique doctrinarum genere maxime eminentem eumque tandem cui erubescerem non nisi magna munera mittere, nisi et omnium testimonio et longo usu comprobatum haberem genuinam tibi humanitatem, comitatem, affabilitatem nulli earum quae in te sitae sunt virtutum cedere. Vale (1).

V

IC XC

HIERONYMUS ALEANDER PAULO AEMYLIO SUO
S. P. D. (2)

Accepi literas tuas caetera iucundissimas, πλὴν τοῦτο μόνον, χ ἰλώνειον γὰρ τοῦτον τρόπον οὐ πάνυ ἀποδέχομαι, quum praeser-

(1) Cf. p. 30-31 de ce travail. M. J. Paquier rapporte ce livre au début de 1512.

(2) Barberini, XXX, 126, copie. — Cf. plus haut la traduction de cette lettre.

tim ab aula veniant, ubi nunquam deest scribendi materia ; non enim Africa solum, sedet aula novi semper aliquid adfert, et a Paulo cuius in labris perenne scatent ἔπεα νιφάδεσσιν ἐοικότα χειμερίοισιν. Utcunque tamen boni consulo, quod non potueris occupatus et nolueris prudens longa de fortuna ludicris epistola (sic enim res aulicas adpellare soleo) philosophantium aureis obtundere, studia interrumpere, altissimum denique ocium καὶ τριπόθητον εὐδαιμονίαν perturbare. Hoc enim adscribitis, tu et Maecenas tuus Cancellarius, ut saepe mihi mirari subeat quur non ista vestra honera nobiscum commutetis. Verum « luctantem Icariis fluctibus Africum mercator metuens ocium et oppidi laudat rura sui, mox reficit rates ». Ego vero de te saepiuscule cum Simone : « Nae Paulus homo nimium curiosus est, qui cum deberet musis suis, imo maturescenti aetati ocium comparare, ea tentat quae firmioris aetatis et corporis iuuenes vix tolerare possent. » Quin tu (quoniam nos fortunatos putas) nobiscum quoque holera lauas ? Neque nunc me mouet quod in me, nouelle Aristippe (1), extorquebis, si Dionysio, καὶ τἄλλα οἶσθα πέρὶ αὐτοῦ.

Habemus, quam non dignatus es visere, dum hic esses, vir nimis aulicus, amoenissimam, idque in adeo populosa civitate, domum, non vastam quidem ut vestra palatia, sed nostri tamen commode capacem, non aulicis ornamentis, sed libris instructam, non reliquo cultu sumptuosam, non tamen sordidam, plenam denique bonorum omnium praeterquam fortunae, atque ob id Musis fortasse gratiorem, ut quibus nihil unquam fuerit cum fortuna commercii. Proinde si venire vis, non tanquam hospes apud nos aut quilibet e contubernalibus, sed contubernii dominus eris. Interim ἐγὼ μὲν δεσπότης εὔχομαι εἶναι, sed dum ipse abes, nam, exorto sole, ἀμαυροῦται τὰ ἱερὰ κύκλα σελήνης.

(1) Allusion à la vie de cour menée par Aristippe, chez Denys le Tyran.

Omissis iocis, gaudeo te incolumem, peragrata longe lateque Gallia, tandem, ut ais, constitisse. Non enim ipse video quae stabilitas isthic possit esse, ubi omnia perpetuo motu agitantur. Gaudeo Lascarim (1) apud vos esse et cognosci, modo id satis pro dignitate hominis fiat, « cui pudor et iustitiae soror, incorrupta fides nudaque veritas », adde etiam doctrina illa non vulgaris « quando ullum inveniet parem ? » Libenter enim dulcibus Flacci verbis utor. Tu, quaeso, Lascari nostro plurimam meo nomine salutem dicas et gratias ego velim quod audio mihi quosdam nobilioris notae adulescentes per eius commendationem conciliatos, qui contubernio nostro utantur. Ego, etsi nullos adhuc video, gratias tamen homini ago, qui me inter tot litterarum professores in primis elegerit cui commendandos censeat iuuenes bonarum litterarum candidatos. Et sane quum ob multa alia, tum ob id praesertim illi plurimum debeo, quod quum multos in hac urbe veteres amicos habeat, praeposuit tamen obseruantiam in se meam, qua nemini cedo, antiquis aliorum amicitiis. Vellem quod, cum eius commodo et honore fieret, Lascarim hic adesse, non tamen sine Paulo Theseo, fruerer aliquanto liberius homine quo non multum frui in Italia licuit, dum grauioribus, id est regiis, negociis destineretur (2).

Proinde, si id nobis negatur, scribe ad me, quaeso, et de te et de ipso, mi Paule, saepius. Tunc enim nihil tibi objiciam breuitatem litterarum, quando de bona ualetudine, de spe, de fortunis, de omnibus denique rebus vestris scripseris, modo saepius scribas. Ego, quando dabitur ocium (nam unusquisque nostrum saxum volvimus, atque in primis ego quotidie revolvor eodem), ad te scribam et ut spero frequentius, modo Simo noster, qui haec commer-

(1) A cette date Lascaris paraît avoir été à Milan continuant à servir Louis XII. (Legrand, t. I, p. CL).

(2) Allusion au séjour de Lascaris à Venise comme ambassadeur de Louis XII.

cia per te melius habet, mittendas litteras curet, quanquam vereor ne is, nimium Musis deditus, parui iam isthaec urbana officia pendat. Et bona fide adeo, ὦ φίλη ἀδράστεια ! pertinaciter studet, ut ausim mihi polliceri uisurum te haud multo post, si non quantum sperabas, quanti certe non te poeniteat, in utraque lingua hominem profecisse. Sed uereor ne epistolae modum excedam. Neque enim, ubi splendida materia desit, asiaticum in scribendo esse, quam, ubi argumenta suppetant, laconicum minus uitiosum puto. Vale. Lutetiae Parisiorum. Nonis iunij M.D.X.

VI

Aléandre a Michel Hummelberg.

Dans une lettre écrite en grec, Aléandre remercie Hummelberger de sa lettre et l'engage à lui écrire encore ; il s'intéresse toujours à tout ce qui le touche. — Paris, 15 de Mémactérion (septembre) (1510 ?) (Munich, lat. 4007, f° 3) (1).

VII

Petro Bonomo Episcopo Tergestino (2).

Miraberis (scio), Praesul sacratissime, quod ego homo alioqui tibi ignotus tam temere ausus sim ad te scribere

(1) Voy. le texte de cette lettre grecque dans J. Paquier, *Lettres familières de Jérôme Aléandre (1510-1540)*, dans les *Annales de Saint-Louis des Français*, Rome, 2e année, 2e fascicule, janvier 1898, p. 201-202.

(2) Vat., 8075, f° 320 v°. — Voici comment M. J. Paquier résume cette missive dans les *Lettres familières d'Aléandre (Annales*

virum moribus optimum, literis doctissimum, dignatione denique nobilissimum ; sed mirari desines cum causam non illegitimam cognosces : ut enim omittam amicitiae jura quibus fraterne aliquando vixi cum fratre tuo, viro in studiis nostris, id est encyclopedia, eminentissimo, ut observantiam qua te semper colui et colam, ut affinitatis quaedam vincula quae inter tuos meosque aliquando intercessisse a parentibus comperi, ut tandem literarum professionem, quae omni affinitate major est et studiosorum animos vel longe absentium per se conciliat ; adcessit et nova nuper causa, quam nisi ad te scriberem non potuissem sine piaculo refugere. Nam cum Matthaeus Langius, vir omni laudum praefatione major, a Rege Christianissimo, apud quem summa cum gratia legationem obiit, discedens, Lutetia Parisiorum pertransiret, ubi ego hebraicam, graecam et latinam linguam, quanquam professorum hujus saeculi minimus, non sine tamen gloria, ut aiunt hi qui me forsan nimium amant, profiteor : visus sum mihi meo jure facturus, si et ego cujus origo e Germania, sedes aliquando in Istria, priusquam a vestris hostibus cum maxima meorum clade expellerer (non inhoneste fuerunt inter tot hinc inde confluentes Principes, tot munera convectantes), tuscula mea et exiguam molam offerrem ; id est me ipsum tanto praesuli perpetuum mancipium dederem. Qua in re etsi nullo intercessore opus erat, nam benignissimus iste An-

de Saint-Louis des Français, Rome, 2e année, 2e fascicule, janv. 1898) : « Aléandre à Piétro Bonomo, évêque de Trieste. — Motifs qui ont poussé Aléandre à écrire à Bonomo : le principal, après l'amabilité de Bonomo, est l'offre gracieuse que lui a faite Matthieu Lang de porter sa lettre. — Grand éloge de Lang et de François Médulla. — Enseignement d'Aléandre à Paris — Dans cette lettre Aléandre parle d'une ambassade de Matthieu Lang auprès de Louis XII ; c'est évidemment celle de 1510. Au mois de septembre de cette année, Lang vint en France pour faire renouveler la ligue de Cambrai et obtenir de Louis XII quelque assistance pour l'empereur dont les affaires en Italie n'allaient pas aussi bien que celles de la France. Il arriva à Orléans le 25 septembre 1510. La lettre d'Aléandre est des jours qui suivirent cette ambassade. »

tistes omnibus studiosis semper patet, juvare tamen me voluit vir clarissimus mei in primis studiosus Franciscus Medulla, Jurisconsultorum elegantissimus, qui apud invictissimum Caesarem pro Christianissimo Rege oratorem gesturus istuc se confert. Is me secure introduxit, de me verba fecit, et präesuli nostro Gorcensi me obtulit, quem cum ego diligentius intuerer visus sum videre hominem os humerosque deo similem, tales ab ejus oculis radii effulgebant, talis in vultu totoque corpore insidebat majestas, ut nunquam ego hilariorem, venustiorem, formosiorem hominem videre meminerim; sed desiderabam Socratis more ut melius viderem hominem, loquentem audire; qui ut latine fari coepit, quid illa Nestoris mellifluens oratio, quid Ulyssis grandines, quid junioris Atridae subtilis prae Gorcensis Episcopi prompta, versatili, jucunda facundia. Is visus est solus illi similis qui

μόνος τῶν ῥητόρων

τὸ κέντρον ἐγκατέλειπε τοῖς ἀκροωμένοις,

ut de Pericle Eupolis dixit. In summa adeo me affecit hujus viri flexanima oratio, ut fuerim, non minus ac loto pasti Ulissis socii, oblitus librorum et provinciae, quam in hac scholasticissima Academia suscepi, profitendi: hominem secuturus nisi me commonuissent literae quas eadem die a magno Franciae cancellario acceperam, per quas vir ille, cui plurimum debeo, mandabat mihi ne ullo pacto Lutetia discederem. Audierat enim propter defectum Scholasticorum, qui ab hac Urbe ob pestem aufugerant, nescio quid me de relinquenda Gallia meditari. Finis sermonum apud Gorcensem praesulem hic fuit, rogavit me ille an aliquem haberem in Caesarea aula quem cognoscerem; ego ut cum Catullo unum me facerem beatiorem, dixi habere me duos et illos quidem eruditissimos Petrum et Franciscum Bonhomos, quorum illum, de facie ignotum, ob ingentes tamen virtutes observantissime colerem, cum hoc fuerim aliquando in studiis dulcissime versatus. Est mihi, inquit ille, Franciscus apprime carus, Tergestinus vero Episcopus etiam fraterne; proinde ad Episcopum omnino aliquid scribe, literas ego hujusmodi fidelissime reddendas curabo. At ego tantam tanti praesulis humanitatem amplexatus, qui dignaretur tam humile negotium suscipere, non potui non ad te scribere, simul ut nostro Gorcensi parerem, qui jam mihi omnia mandare potest, simul ut amicitiam mihi tuam compararem, per quam facile et eam quam cum Gorcensi praesule contraxi servatum iri spero; caeterum non tam temerarius fuerim ut haec reddendarum litterarum officia a tanto praesule exigerem : quare Francisco Medullae, viro quidem et ipsi inclyto, longeque majori quam ut tali negotio succumbat, sed quo tamen (quae hominis comitas, benignitas, humanitas est) familiarius utor, meas ad te literas commendavi. Is idem, si quid ad me vel uno verbo rescribendum censueris (nam abs te occupatissimo longas epistolas non reposco), literas mittendas curabit. Suscipe interim, praesul doctissime, optime, benignissime, novum mancipiolum Hieronymum Aleandrum qui Lutetiae Parisiorum literas hebraicas, graecas et latinas audacter quidem et laboriose (ut ipse sentio) non sine tamen successu et gloria, (ut aiunt ii qui me forsan nimium amant) profitetur: hunc sibi affinem (si pateris), clientem, servum, omnia observantiae et amoris nomina pro tuo arbitratu perpetuo habe, quem, si contingat aliquando in Aulam palatinam proficisci, benigno vultu suscipere et commendatum semel, etiam atque etiam Gorcensi Episcopo commendare non dedigneris. Interim ne stomacheris, quaeso, prolixitatem literarum mearum; non enim potui causam observantiae in te meae desideriumque ineundi tecum amicitiam paucis verbis significare, posthac ut crebriores ita breviores literas a me accipies. Francisco fratri me plurimum si placet commendes, ad quem, cum primum ubi sit rescivero, de rebus meis scribam; sed vel graece tantum vel hebraice, nam nostratia haec homini qui non minus aliarum quam latinarum literarum copia abundet, non profecto sordent, sed minus tamen ut proculcata nimis et communia grata esse non dubito. Adde quod videbitur sibi Franciscus quodam pacto rejuvenescere, si quo symbolo solebamus olim haec inter nos tractare, nunc a me recipiat. Vale, praesidium et dulce literarum et studiosorum decus.

III

DOCUMENTS IMPRIMÉS ET MANUSCRITS

Relatifs au séjour d'Aléandre à Orléans

(10 décembre 1510 — 14 juin 1511)

I

Préface de C.-H. Descousu *aux Idylles de Théocrite.*

Hieronimo Aleandro Mottensi, viro trium linguarum doctissimo, graecas Aureliae litteras profitenti, Celsus Hugo Dissutus Cauillonus Celta, earumdem necnon et hebraicarum apud Parrhisios interpres, S.

Doctrinam et eruditionem tuam admirari solent hi potissimum, Aleander doctissime, qui sese (quantumvis eruditi sint) tum existimant demum multo doctiores, cum viri cuiusuis non minus docti quam studiosi quouis litterarum munere animum sibi deuincire possunt. Ego igitur, mi Aleander, cum te non tam litteratorum amantissimum quam litterarum doctissimum cognorim, non potui non ad te scribere, idque praesertim cum Paduae sim iampridem tuo contubernio fretus, et haec tui Theocriti opera nostro labore impressa tuo nomini dedicare, ut tua videlicet auctoritate munita libere in publicum prodirent et vipereos maledicorum oculos minime formidarent. Rem igitur gratissimam mihi feceris, si haec (modo tu ipsa approbatione digna putaueris) probes. Quod si feceris, et te mei laboris amantissimum testaberis et me ad caetera omnia quae tu desideraueris propensiorem alacrioremque redde. Vale et me, ut soles, ama (1).

II

Michael Hummelbergius R. Lectori S. (2)

Haec obiter recognouimus omissis quibusdam labeculis, quas unusquisque uel semidoctus lector per se castigare potest. Non inficiamur tamen non pauca in omnibus Ausonii codicibus menda inueniri magno digna vindice : Quae Hieronymus Aleander uir omni laudum praefatione maior Dum haec imprimerentur alibi occupatus sibi in publico reseruat auditorio discutienda. Vale, candidissime Lector : Lutetiae Parisiorum. M.D.XI. Ex aedibus Ascensianis (3).

III

Hieronymus Aleander Michaeli Hummelbergio suo sal.

Miraris (scio) raritatem simul et tarditatem mearum literarum : sed mirari desines, si fidem habebis verbis Petri Manutii nostri, qui tibi coram significabit occupationes nostras, in quibus potuissem quidem ad te aliquando literas

(1) Cf. la traduction de cette préface, p. 68.

(2) Cf. R. Peiper, *Die handschriftliche Ueberlieferung des Ausonius*, Leipzig. G. Teubner, 1879, p. 211 ; H de la Ville de Mirmont, *La Moselle d'Ausone*, Bordeaux, G. Gounouilhou, 1889, p. L.

(3) Cf. la traduction de cette épître, p. 72.

dare : sed nolui unquam, quod expectarem ad te mittere simul et castigationes in Landinum et caeteros. Nunc quae in Landino recognoverim ad te mitto. Demandassem tibi correctionem Theocritianam. Caeterum quia visus es mihi dum istinc discederem recusare istos labores utpote qui aliis curis detentus iam te ad domuitionem pares, iccirco Petrum istuc mitto qui negotium peragat. Qui quoniam huic rei insolens est, conferet tecum interdum primas paginas. Et ut spero haud diu erit tibi in hac re molestus ; talia mihi de hominis ingenio eruditione et diligentia persuadeo. Mittam ad te propediem N. Interim Badio significabis optare me supprimi editionem sub reditum usque meum. Jube hominem bono animo esse, quem si potero autem si vivam [?]. Redibo ad vos ut spero Kalendas Maias. Quod si plusculos fortasse dies ulterius morabor, id erit ut perficiam quod in hac urbe incepi. Spero brevi fore ut literae graecae ita Aureliae uigeant, ut nullo sint unquam tempore interiturae, quas tu si pro tempore intermittis ne quaeso prorsus omittas. Novi ingenium tuum, novi eruditionem, potes ipse per te literas graecas tractare, quae quanto usui et honori futurae sint his qui eas calluerint videbis ut spero propediem, quum in Gallia primum, mox etiam in Germania nostra huiusce linguae iecero seminaria. Vale. Aureliae VIII idus Martij M.D.XI (1).

IV

HIERONYMUS ALEANDER MICHAELI HUMMELBERGIO SUO S. (2)

Gratus est mihi animus tuus, grata benevolentia Michael suavissime, quod ubi non possis Hieronymo coram frui, cupias vehementissime videre hominis epistolas ; ego

(1) Cf. la traduction de cette lettre, p. 62.

(2) Munich, lat. 4007, f° 3 v°. — Voici comment M. Paquier résume cette lettre dans les *Lettres familières d'Aléandre (Annales de*

alias tibi gratias agam uberius, si referre non potero. Nunc prae temporis angustia ea scribam quae necessaria erunt. Recognovi rursus Camaldulenses quaestiones, in quibus nihil aliud prorsus desideratur quod ad sensum pertineat. Quid quod locus ille ubi de Neviano Hectore fit mentio in meo libro nusquam est fenestratus, quapropter et tu continenter imprimendum curabis et caetera diligenter addenda. De Theocrito quid faciendum sit, scripsi ad Petrum et Cyprianum, quibuscum eris cautissime et curabis quae agenda erunt diligenter si me amas. Vellem istum novellum lectorem tanti esse ut λεξικὸν et alios libros graecos castigare inter imprimendum posset ; nihil tamen judico de homine mihi ignoto. Caeterum ad ipsum scribo graece, scripturus etiam hebraice, nisi Faustus mihi significasset sese cras hora quinta mane summo dicessurum. Tu priusquam isti lectori epistolam reddas, ostende eam plusculis, et ab homine postea responsum petas ; cognoscam enim quamprimum quantum ipse valeat. Scribo ad eum gaudere me hominem profiteri et suscipere velle castigandi provintiam, atque utinam, Michael carissime, esset aliquis qui nos hoc honere imprimendi λεξικὸν levaret. Est enim mihi animus Germaniam petere et illic non solum seminaria jacere literarum graecarum, verum etiam libros graecos affatim imprimendos curare, quo si volueris mecum ire, habebo te fidissimum Theseum. Scribam ad hominem per primum nuntium hebraice, modo videam aliquid dignum responsione. Vale, Michael suavissime. Salutabis meo nomine tuos propinquos qui in Germania sunt. Quantum vero ad Joacimi studia attinet, nullus melius tibi consulere potest quam Coppus, cujus consilium si desit, scribam ego quod sentio fidelissime,

Saint-Louis des Français, Rome, 2ᵉ année, 2ᵉ fascicule, janv. 1898) : « Aléandre à M. Hummelberg. — Travaux littéraires d'Aléandre. Il remercie Hummelberg de lui avoir trouvé un correcteur d'épreuves : il envoie à ce correcteur une lettre grecque et lui demande une réponse dans la même langue pour voir de quoi il est capable. Il désire aller en Allemagne y enseigner le grec. — Orléans, 27 mars 1511. »

neque (ut puto) poenitebit hominem consilii nostri. Coppo nostro et Ludovico Ber me etiam atque etiam commendes; sed et Fabro maxime, quem ego imprimis amo et colo. Joanni contubernali tuo et nostro, item monacho hospiti (1), omnibus denique amicis salutem plurimam dicas meo nomine. Vale iterum. Aureliae, MDXI. VI Kalendas apriles — celerrime et tumultuariissime (2).

V

Jérome Aléandre a Celse Hugues Descousu.

La lettre grecque dont il est question dans la précédente épître à Michel Hummelberger, est adressée à Celse Hugues Descousu. Le texte en a été donné par M. J. Paquier dans les *Lettres familières d'Aléandre* qu'il a publiées dans les *Annales de Saint-Louis des Français*, Rome, 2e année, 2e fascicule, janvier 1898.

VI

Michael Hummelbergius Ravenspurgensis lectori salutem dicit.

Habes in hoc volumine, Lector studiosissime, Christophori Landini Florentini Quaestionum Camaldulensium libros quatuor. In quorum primo de vita actiua et contemplatiua disseritur. In secundo, de summo bono. Tertius et

(1) Ce *monachus hospes* est Cyprien Benet, le *Cyprianus* dont il est parlé plus haut dans cette même lettre. Cf. p. 64 de ce travail.

(2) Cf. la traduction de cette lettre, p. 64.

quartus P. Vergili Maronis continent allegorias. Graecum praeterea quod in omnibus antehac tam in Italia quam Germania impressis codicibus desideratur, mirabili coniectura usus, restituit latiumque fecit Hieronymus Aleander Mottensis, verus, genuinus et fidelissimus linguarum et doctrinarum interpres. Qui nuper in hac academia graecas et latinas litteras non sine successu et gloria professus, nunc a Parisinae luis suspitione Aureliae doctissimos primique in Gallia nominis doctores graece instituit, propediem hebraicas (Caldaicas), Graecas et Latinas in sua Lutetia felicissime traditurus. Talia mihi de diuino Praeceptoris ingenio, omnifaria eruditione, accuratissima diligentia et summo tandem in suos scholasticos qui praeceptorem ardentissime desyderant, amore gratoque animo facile persuadeo. Vale, Lutetiae Parisiorum, nono Kal. Apri. M.D.XI, ratione Romana (1).

(Christophori Landini Florentini *Camaldulensium disputationum opus*, doctrinae et elegantiae plenissimum. [*Marque de Jehan Petit*]. Venundantur Parisiis a Joanne Paruo in vico diui Iacobi, sub aureo lilio se continente. *A la fin :* Impressum est hoc Camaldulensium Quaestionum opus Parisiis pro Ioanne Paruo se in vico diui Iacobi sub lilio aureo se continente, 1511. (Bibl. Nat. Z. 196).

VII

Hieronymus Aleander Mich. Humelbergio Suo S.

Moerori permistum gaudium mihi tuae literae attulerunt. Nam quod bene valeas, quod tam diligenter res meas cures, est quod magnopere gaudeas agamque tibi maximas gratias. Quod vero propediem sis discessurus, non possum non maxime dolere. Sperabam enim in reditu meo aliquanto

(1) Cf. la traduction de cette préface, p. 66.

liberius te frui, quam potuerim dum istic essem, quanquam ne unum quidem diem a commercio nostro tunc abfueris. Auget praeterea dolorem meum, quod non (ut sperabam) ad Kls. Junias Lutetiam redibo. Et hoc propter rumorem pestis qua audio coepisse Lutetiam laborare. Id an verum sit, amicum quendam meum dedita opera sciscitaturum ad uos mitto. Quod si priusquam redeam tibi discedere contingat, primum id bonis auspiciis facias opto. Deinde scias me ubique terrarum et gentium semper tuum esse si cuiusque alterius. Id enim et candidissimi mores tui et doctrina non trivialis et amor summus in me tuus et quam plurima beneficia postulant. Quibus ut aliquid addam, quo tibi magis sim devinctus, rogo te per amicitiam nostram ut significes mihi ex Germania locum, ubi possim aptissime profiteri simul et literas graecas hebraicasque imprimendas curare. Ingratissimus enim merito viderer, si post disseminatum alienis nationibus segetem ἄσπορον καὶ ἀνήροτον Germaniam nostram relinquerem : quum praesertim nullam fere videam gentem ubi melius linguarum et doctrinarum possim iacere seminaria et ab aliis hactenus iacta ad frugem perducere quam in Germania. Bona invenio ingenia in Gallia, bona in Italia, sed utraque haec gens ut plurimum illotis (non sine avaritiae nota) pedibus sese ad eas artes dat, ex quibus solum praesentaneum lucrum speret. At Germania virtutis unius amore commota semper novi aliquid quaerit, unde sibi potius gloriam comparet quam lucellum. Et cum ipsa per se Lacedaemonia paupertate contenta sit, in communem aliarum gentium usum laborat, artes veteres illustrat, novas invenit, quas longum esset in praesentia percensere. Reservo mihi super hac re iusti conficiendi libelli materiam quum dabitur quies. De his satis Euolui quamquam occupatissimus nugas illius insani τυφλοῦ. qui mihi non videtur dignus de quo vel maledicas. Di boni quantum mali intus invenias ! Non de syllabis modo perperam positis loquor ; sed de inventione ipsa, dispositione, elocutione, rerum ignorantia, temeritate, quae ignorantibus peculiaris est. In summa ut dicam quod sentio, una litura potest omnia corrigere, si vel Deucalioni vel Phaëthonti liber demandetur; placet tamen pediculosis suis sectatoribus, quum nullus sit tam malus, qui non fautores et defensores inveniat. Tu quid de peste sit, quid futurum speretur, mihi significa; ego maxime redeundi desiderio teneor. Fabro nostro, viro optimo et doctissimo, et de me optime merito plurimum me commendes velim. Carolum Bouillum, quem tantum de facie non novi, plurimum salutabis meo nomine. Doctos enim viros licet mihi de vultu ignotos amo tamen semper et colo. Scribam reliqua propediem ad te et Hermanum et alios, nunc aliis negotiis distringor. Ex Aurelia. MDXI.XIII Kalendas Junii (1).

VIII

Μνημόσυνον Suavissimo fratri D. Michaeli Humelbergio Hieronymus Aleander.

Primum omnium ut Dei memor bonam valetudinem curet, deinde ut literas graecas, in quibus cum Doctorem et interpretem libere creo et facio, in Germania nostra non interpretando modo, verum etiam impressioni demandando disseminet.

Item me fratribus et amicis omnibus consanguineisque commendet, Bebelio praeterea et Reuchlino si contingat. Nam abbati Salemaeo semper me commendatum puto. Postremum ut me redamet et aliquando ad nos rescribat et felicissime expectet valeatque (2).

(1) Cf. la traduction de cette lettre, p. 71.

(2) Cf. la traduction de ce billet, p. 79.

DOCUMENTS COMPLÉMENTAIRES

I

Préface de Josse Bade *au* De bello judaico *d'Hégésippe* (1).

(1511)

Reverend. in Christo Patri Guillelmo Briconneto Lodoven. Episcopo Iodocus Ascensius.

Historiam Aegesippi eiusque Anacephaleosim quas Iacobus Faber compater mihi suo merito cum primis obseruandus diligentia sua perquisiuit et ad varia exemplaria collatas ac quoad eius fieri potuit integritati restitutas superioribus diebus ad nos dedit praelis nostris committendas dignas duxi, Praesul dignissime, quae faustissimo tuo nomini nuncuparentur ut aedes istas unde amissae et ubi attentata cura recognitae sunt, repetant et te agnoscant tanquam patrem qui beneficentissimus es eius patronus cuius laboribus ex diutino situ vetustarum bibliothecarum noua luce donatae sunt. Quanquam aut de luculentissima Aegesippi laude post Hireneum, Clementem Alexandrinum,

(1) Nous reproduisons quatre lettres de Josse Bade qui intéressent l'histoire de l'hellénisme et la biographie de Michel Hummelberger, l'élève favori d'Aléandre. Pour celles qui se trouvent dans l'édition du *De bello judaico* d'Hégésippe, cf. ce travail, p. 62. Celle qui se trouve en tête des *Annotationes doctorum virorum* de 1511, n'a pas été citée par Horawitz.

Hieronymumque presbyterum sanctissimum ac doctissimum, superuacaneum fuerit diutius immorari, ut quem hi omnes fatentur apostolicum virum et apostolorum temporibus vicinum, cuiusque scripta mirifico extolluntur praeconio. Accedit tamen ad huius historiae commendationem sacrum Ambrosium, Mediolanensem antistitem, virum undecumque laudatissimum, e graeca fecisse latinam; ob quam rem haud dubitem omnibus Christianae pietatis antistibus tibique in primis, praesulum columen, longe fore gratiorem. Quid? qua nulla historia diligentius ostendit regnum Iudaeorum defecisse ad alienigenas et de Iuda sceptrum sublatum, quum iam aduenisset qui mittendus erat Christus dominus, ut tempus Messiae juxta prophetarum oracula designatum aduenisse cognoscerent, quum Judaei ipsum Dominum, operantem salutem in medio eorum, non agnouerunt, immo negauerunt, et Caesarem sibi regem asciscentes crucifixerunt. De Simone praeterea mago, de Petro Apostolorum principe, de Jacobo Hierosolymitano, de Joanne Baptista, deque vera Hierosolymitanae euersionis occasione, hic unus olim fidelissimum inter historiographos quidem affert testimonium, ob quae cum ab omnibus verae pietatis cultoribus auidissime legi meruerit, habet tamen quam plurima quibus curiosissimum quemque lectorem abunde oblectauerit. Ut enim silentio pertranseamus admirabilem ejus in narrando gratiam; quippe qui sub miro compendio sit maxime dilucidus et sub maxima luce mire compendiosus: tanta rerum gestarum varietate scatet tantoque sententiarum pondere, ut (quid de Sallustio dici solet) res verbis aequasse videatur. Concionum aptissimarum foecunditate et earum componendarum ingeniositate cum omnibus mortalibus facile contenderit. Siquidem in Iudaeo concionante cum Iudaicae historiae creberrima mentione iudaici spiritus ad viuum exprimit, peruicaciam in Romano, Romanam magnanimitatem, denique in omnibus omne sexus, aetatis conditionisque sic seruat prepon et decorum ut unum Aegesippum non olim personas induisse, sed omnes homines fuisse, suspicari merito possis. Quas tamen res, Antistes sapientissime, ex operis ipsius lectione multo clarius et copiosius quam ex hac nostra tantilla commendatione cognosces. Fuerunt autem quae fortassis extant ; etiam alia eiusdem viri compluscula opera, ut illud insigne quo omnem a passione Dominica ad suam usque aetatem ecclesiasticorum operum texuit historiam (sermone quidem simplici, ut quorum vitam imitabatur, dicendi quoque exprimeret characterem) quinque libros complectentem et item disputationem aduersus idola, author est Hieronymus, sed illud monumentum ecclesiasticorum operum a compluribus piorum et ecclesiasticorum virorum vel maxime desiderari audio. Faxit ergo bonorum omnium inuentor ac largitor Deus ut si usquam locorum lateat hoc, ejus opusculo viso, ad publicam utilitatem prodeat in lucem; sed quam caste, quam vere (quae prima historiae lex est) et quam religiose de Christo praesens loquatur historia, statim intelligent vel uno obtutu qui ea legent et qui ad concordiam secundum conciliationem quae post Anacephaleosim ad calcem adiecta est reuocare studebunt. Vale, decus praesulum. Ex officina nostra litteraria ad Nonas Iulias MDX.

***

Au fol. LXXVII de ce volume :

Finis rursus in aedibus Ascensianis ad Calendas Januarias M.D.XI.

Io. Ba. Ascensius Beato Rhenano Suo S.

Affuit Jacobo Fabro Compatri meo mortalium uni (ut nosti) studiosissimo Michael tuus Humelbergius homo in literarum studio vigilantissimus, in recognitione Aegesippeae historiae, quam in capita distinxit et ad Josephum conciliauit : ut testimonio mox eius erunt tabellae post

Anacephaleosim dictae historiae subdendae. Quam rem scio tibi fore pergratam, quippe qui tantopere flagitasti opus ex officina nostra emitti. Non est tamen (ut opinari uideris) apostolicorum uirorum gesta continens, de quo opere sacer loquitur Hieronymus, et nonnulla interdum citat testimonia, sed quod Hierosolymarum prosequitur euersionem, Judeorum dispersionem et lamentabile (nisi sic meritorum) fatum iuxta Hieremiae apertissima de ea re uaticinia. Si quid igitur aliud Aegesippi in Germania noris, aut ad nos istic excusum aut a nobis excudendum istucque remittendum mittito. Vale (1).

Après cette lettre viennent les tables de concordance entre l'Hégesippe, la paraphrase de Josèphe, le *De bello judaico* et les *Antiquitates iudaicae* de Josèphe, dressées par Hummelberger.

A la fin :

ASCENSIUS AD LECTORES.

Habes itaque, lector studiose, historiam luculentam in quinque libros distinctam cum Anacephaleosi et tabellis, dexterrimo Lodouensis Antistitis auspicio et vigili Stapulensis ac Humelbergii studio nostraque quantula est opella ad Dei optimi gloriam legentiumque utilitatem, consummatam in aedibus nostris quae sunt Parrhisiis in via regia ad diuum Iacobum supra aedem diui Benedicti, e regione Craticulae sub tribus lupis seu luciis aquatilibus. Rursus anno salutis humanae undecimo supra MD. ad tertium calendas Ianuarias.

(1) Reproduit par Horawitz, *Michael Hummelberger*, Berlin, 1875, p. 15.

II

Préface de Josse Bade *aux* Annotationes doctorum virorum.

Jodocus Badius Ascensius Michaeli Hummelbergio Rauensburgensium litteratissimo nec minus probo S. D.

Vt quanti te faciam quantumque amem, Michael suauissime, luculento significem testimonio, statui te in fronte tot excellentium virorum qui de re litteraria quam optime meriti sunt compellare eorumque lucubrationes nocturna diurnaque manu ab illis tornatas et a nobis (studiosis, dico, bonarum litterarum) omnibus versandas nomini tuo praescribere, quo testificer te illorum, si ad litteras respicias, persimilem esse, si ad mores vrbanos, vel principem. Quibus effectum est ut te non vulgariter amem iucundumque sit et in ore et in corde habere plurimum. Proinde etiam animo meo morem gero, dum haec ad te, qualiacumque sunt, scriptito. Neque enim necessum est eorum laudes anxie colligere qui totius litteraturae ea sunt lumina, ut quibus non praeluxerint, in tenebris sint oporteat. Sed parcius agam. Non enim, quod aiunt, vino optimo opus est, ut vendibile fiat, hedera. Vale igitur, Michael doctissime, bonique consule. Ex chalcographia nostra parisiensi. In vigilia assumptionis Christiparae Virginis ac dominae nostrae anno redemptionis humanae M.D.XI.

(*Annotationes, doctorum virorum in grammaticos, oratores, poetas, philosophos, theologos et leges.* Venundantur ab Joanne Paruo et Io. Badio Ascensio. Ex officina nostra chalcographa, ad Idus Aug. M.DXI. (Bibliothèque de Vitry-le-François, DD7, 259).

III

Préface de Simon Charpentier *aux* Lettres d'Agostino Dato (1).

SIMON CARPENTARIUS PARRHYSIENSIS PETRO DE PONTE CÆCO BRUGENSI ARTIUM MAGISTRO VIRO UNDEQUAQUE DOCTISSIMO SALUTEM.

Genovefeum tuum praeclarum atque diuum opus iam a paucis diebus in lucem editum ut audiui utque vidi, non paruo mea exultauere praecordia gaudio, non potui non laudare Genouefam virginum gemmam, parrhysiorum asylum, miserorum refugium desolatorumque consolamen quodque est amplius summa sine admiratione in opus ipsum oculos injicere non valui. Territus sum non minus magnitudine quam artificio. Est siquidem non profecto diei unius, immo et plurium ne dierum quidem, sed et furtiuarum noctium opus et manu factum, eoque cum rerum ac verborum decoro elaboratum ut sane Homerico aut Maroniano characteri mea veniat existimatione adaequandum opus, inquam, tum ad Critolai libram expensum, tum ad Cleantis lucernam euigilatum ut liuida lingua aut Theonino (ut fert adagium) dente neque corrodi neque absumi sit facile, etsi hac aetate non paucos reperias qui inscitia atquè insolentia unumquemque accusant et assiduis reprehensionibus nulla ratione aut iudicio lacerant. Quorum dubio procul nos tumidam inanemque loquacitatem non modo despiciendam hac in re arbitramur, sed et pènitus ubique gentium aut locorum longe contemnendam percensemus cum certe nulli nisi probo et justo nunc temporis inuideatur. Sed ego (2)

id est noctuas Athenas qui ad te haec: cecropiam contra

(1) Cf. ce travail, p. 79. Nous reproduisons ici cette préface, parce qu'elle nous a semblé être un monument curieux de l'état d'esprit des lettrés qui étaient à Paris, auprès d'Aléandre.

(2) Ici un blanc où devait se placer une citation grecque que

sus est tenditque Mineruam. Igitur alio diuertam. Ego sane tuam plus quam facio demirarer doctrinam quoque pacto rerum cognitionem tibi ipsi comparueris nequaquam augurari mihi esset facile nisi a plusculis diebus Bonifacij Simonetae, ordinis Cisterciensis Cornu abbatis(1), viri undiquaque doctissimi, de fidei christianae romanorumque pontificum persecutionibus epistolare opus euoluissem, ubi homines luminibus corporeis captos ingenii intentione acutius videre caeterisque esse prudentiores aliquot exemplis comprobat. Cujus longiora verba carptim et compendiose subscribere nisus sum. Primum ergo Didymum caecum affert Alexandrinum genere qui, etsi a teneris (ut aiunt) unguiculis orbus esset, diuinas nihilominus litteras calluit atque ecclesiasticos inter scriptores annumerari meruit : suique (diui Hieronymi testimonio) tantum omnibus miraculum praebuit ut geometriam quae vel maxime visus est indigua, ad perfectum usque didicerit. Secundo loco Tyreisiae vatis, Thebanorum regis, meminit, qui licet a Junonis ira cecatus, a Joue tamen augur effectus, futura praedicere obtinuit, dicente Ouidio, crimenque leuauit honore. Sed id quod fabulosum sit quasi muta lingua praetereo. Venioque ad Apij Claudij Caeci romani historiam. Pirrhus a Tarentinis et Samnitibus in Italiam accersitus, etsi Romanos bis euertisset, per Cineam tamen legatum mira benignitate eisdem reconciliari tentauit. Cineas a feminis ciuitatisque primatibus munera afferens, reiectus, in senatu, si captivi dimitterentur, quod Pirrhus ad subigendam Italiam illis auxilium praestaret, nec captiuorum compensationem quicquam nisi populi Romani amicitiam

l'imprimeur n'a pu reproduire. Ce fait démontre encore qu'en 1516, les caractères grecs étaient loin d'abonder dans nos imprimeries parisiennes.

(1) Boniface Simonetta, de l'ordre de Citeaux, abbé de Saint-Etienne del Corno, au diocèse de Lodi, auteur d'un ouvrage intitulé : *De persecutionibus christianae fidei et romanorum pontificum*, Milan, 1492, in-fol. Cf. Michaud, *Biographie universelle*, t. 39, p. 387.

ac Tarentinis indemnitatem postularet, callide contionatus est. Romanos igitur in Cineae sententiam inclinantes Apius ipse Claudius Caecus solus retinuit; seque [quum] senecta, lue ipsa grauatum annisque obsitum atque orbum videret, in senatum lectica deferri iussit. Quo cum venisset, sic exorsus est: « Ante haec tempora, conscripti patres, videndi infortunatum cum aegre ferrem: ad caecitatem quam non sim surdus modo vehementius angor siquidem turpes consultationes quae huiusce urbis gloriam deturpant famamque denigrant, non audirem. Vbi nunc est illa vestra iactantia qua Alexandrum, si in Italia cum Romanis manus conseruisset, aut inglorium fuga cedere aut mori coactum vrbem hanc aeterna gloria decorare cogi posse gloriabimini. Hanc verborum insolentiam, quaeso, nunc manu, nunc vera virtute approbate: Pyrrhus (ut omnia pernoscatis) nobis vult amicari vt inde ab Italia difficile queat euelli; vel si abire eidem liceat, saltem non sine mercede abeat; quod si feceritis, caeteri extemplo idem sperantes in contemptum nostrum Latium haud dubie inuadent armisque aggredi connitentur ». Cum igitur perorasset Claudius, ea accensi oratione, quirites ipsi Cecinae (=Cineae) responderunt ne diutius Pyrrhus ipse in Italia moraretur, proditionisque eumdem Cecinam accusauerunt sicque ab eiuscemodi proditione Roma ipsa Apii Claudij opera liberata est. Quid afferre Democritum in medium est opus. Satis superque omnibus compertum est Democritum ipsum (quem *gelasinon* Graeci vocauere), cum caecitatem beneficium esse, oculosque ingenio obesse putasset, ut melius faciliusque contemplaretur sese execauisse. Plura exempla eiusmodi refert ipse Bonifacius Simoneta; ex quibus hoc vnum (non quod proposito conueniat, sed quia memoria dignum sit et auditu iucundum) his addere visum est non ineptum. Rex fuit Aegyptiorum Sesostris nomine qui diuina voluntate excaecatus sortibus vaticiniisque studuit videre: illi decenium circa mystica operanti, ut in faciem mulieris quae nullum nisi proprium virum cognouisset pro visu recuperando inspiceret, responsum est. Placuit ergo primum vxorem propriam attentare, deinde parili studio reliquas, sed nullam in tanto grege pudicam, nisi cuiusdam olitoris uxorem a qua sanatus est inuenit. Quare adulteras omnis in Ægypto esse succensus illas in vltionem quodam in vico actas vnico incendio comburi iussit visusque est lumen recepisse vt id efficeret : sed quoniam haec nihil ad cordam, ad reliqua descendam. Homeri clarissimi Graecorum vatis nullam (quod miror) ipse Bonifacius fecit mentionem : qui tamen meruit caecorum inter optimos optimus nuncupari nominis indicio. Aliis excaecatis propria permanserunt nomina : hic vero ab ipsa caecitate Homeri nomen non sine causa aut quadam excellentia sortitus est, homerus siquidem aeolica lingua caecus dicitur. Qualem ipsum Homerum fuisse (ne forsan quis dubitet) Petrarcha in bucolico testatur, de eo inquiens : « Caecumque senem, sed multa videntem.» Martianus quoque in primo [*libro*] de nuptijs phylogiae (=philologiae) infit : « Caecutientis Maeonij suauiloqua senectus » atque ipse Homerus in Apollinis hymno de seipso sic loquitur :

(1) quod carmine latino sic ut potuimus traduximus : « Vir qui luminibus captus Chion incolit altam ». Cuius Homeri patriam, si quisquam est qui affirmare nitatur, censerem potius reticendum quam aliquid affirmandum, nam si ab Ephoro patriam quaeras, Cumeum dicet ; si a Pindaro, lyricorum principe, is tum Smyrnaeum, tum Chium asseuerabit ; si ab Antimacho et Nicandro, Colophonium censebunt : sed si ab Aristarcho et Dionysio, haud dubitant Atheniensem affirmare, nec desunt qui eum ex Cipro, salaminium aut Argiuum esse contendant ; nos vero huiusce aetatis synchroni Homeri ipsius animam Brugensem esse haudquaquam ambigimus ; litteras graecas ad saturitatem vsque ea exhauserat, iam latinas perdiscere

(1) Ce blanc existe dans l'original. La citation grecque qui devait figurer ici, n'a sans doute pu être imprimée, faute de caractères.

voluit, quamque perdidicisset. jam multoties, sed his potissimum diebus comprobauit quae cum illis priscis temporibus circa gentilia, nunc circa diuina se voluit exercere et in meliorem frugem se recipere conata est. Cuius rei pro testimonio est praeclarissimum illud quod iam praedixi Genouefeum ex quo (mihi crede, vir optime) immortale tibi nomen facile comparabis sonabitque tuum per innumera secula nomen. Sed ne forsan historiarum ortum texere magis quam epistolam scribere videar, huius epistolae scopum aggrediar. Lectitanti mihi his nouissimis diebus Augustini Dathi, oratoris clarissimi grauis et a nobis pancarpias vocatas epistolas quas imprimi curaui et impressas publice professus sum ; reliquas quoque familiares in lucem emittere, ut omnibus innotescant, incessit libido. Videbam siquidem faciles et nostris litterarum alumnis plurimum profuturas in quibus vtpote ipsius Augustini elegantiarum praecepta ad unguem obseruantur. Non ignorabam etiam eiusce oratoris celeberrimi opera te capere vnde augurabar te easdem tuis cultoribus publice professurum. Quare et tibi tuisque, mihi etiam atque meis (non enim homo sibi soli natus est, teste Tullio), prodesse volens, iam eas, ne tam diuturnae delitescerent apud Parrhysiensem hanc academiam florentissimam, omnium bonarum artium parentem fecundissimam, imprimi, ut potui, curaui ; quod tibi significare desyderans hac te epistola dignum reputaui. Alias pluribus ad te scribam. Tuum, ut facis, Symonem amplectere tui nunquam immemorem. Vale, Homeri anima.

(Augustini Dathi Senensis, oratoris clarissimi familiarissimae atque aureae epistolae neotericis litterarum alumnis perutiles. In quibus vtpote elegantiarum praecepta ad unguem obseruantur, nuper apud Parrhysios maxima cura vigilantiaque impressae ac mendis prioribus tersae. [Marque de Denis Roce avec sa devise : *A l'aventure, tout vient à point qui sait attendre*]. Venundantur Parrhysiis in vico sancti Iacobi sub intersignio diui Martini.

A la fin : Impressum Parisijs apud Nicolaum de Pratis, expensis et utilitate honesti viri Dionysij Roce biblyopolae dictae vniuersitatis fidelissimi. Anno Domini natiuitatis M.CCCCC.XVI) (1).

---

(1) Bibl. Nat. Inv. Réserve, X. 791.

NOTES AUTOGRAPHES D'ALÉANDRE

I

Notes autographes relatives au premier séjour d'Aléandre à Paris

(4 juin 1508 — 8 décembre 1510)

Nous reproduisons ici les notes autobiographiques d'Aléandre relatives à la période de sa vie qui va du 4 juin 1508 au 14 juin 1511, d'après le précieux *Journal* dont le monde savant doit la publication à M. Henri Omont (1).

Les notes sur 1508 et 1509 proviennent du Ms. de Paris, Bibliothèque nationale, *nouv. acq. lat.* 563 (1492-1517).

Celles qui se rapportent au séjour d'Aléandre à Orléans, sont tirées du Ms. d'Udine, bibliothèque archiépiscopale, *Appendice n° 1* (1510-1516) :

(1) *Journal autobiographique du Cardinal Jérôme Aléandre* (1480-1530), publié d'après les manuscrits de Paris et d'Udine, Imprimerie nationale, 1895.

1508

Mai. 5. — Maffeus Leo et ego discessimus Motta in Galliam Transalpinam.

Mai. 6. — Corneliani ; Castrofranco.

Mai. 7. — Turri confinium.

Mai. 8. — Villafranca ; Mantuae.

Jun. 4. — Post meridiem pervenimus Parisiorum Lutetiam, Maffeus Leo, Leonardus Venerius, patritius Venetus, Ludovicus Braga Patavinus et ego.

Aug. 4. — Amisi cathenam auream, quam tamen eadem hac die inveni, voti reus in honorem Antonii Patavini quater me jejunaturum in ejus vigilia et bis in sexta feria (1).

Sept. 2. — Conduximus cubicula e regione collegii Rhemensis Parisiis. Eadem die fuerunt allatae nobis tres capsae librorum e Mediolano, ducat. XI.

1509

Oct. 8. — Coepi praelegere *Moralia* Plutarchi graeca publico et magno theatro Lutetiae Parisiorum.

---

(1) Aléandre ne devait s'acquitter de son vœu qu'en 1525. Cf. Omont, *Journal autobiographique du Cardinal Aléandre*, Paris, 1895, p. 11 et 46.

II

Notes autographes relatives au séjour d'Aléandre à Orléans

(10 décembre 1510 — 14 juin 1511)

1510

MDX, die dominica 8a decembris, discessimus mane hora 6, Lutetia Aureliam, ad quam ego antea, vigente Parisiis peste, honestis conditionibus adcersitus fueram a Pyrrho, legum doctore regente et tunc Universitatis Aurelianensis rectore (1). Pervenimusque Simon, nepos Pauli Æmylii, et ego, Martis die decima decembris, hora 8 matutina, et hora 4 pomeridiana, petivi domum Pyrrhi, comitatus eo et Pulsorino, et Simone, rectore tunc Pyrrho jurisconsultorum.

Pyrrhus, vir optimus, et jurisconsultorum elegantissimus, me adcersivit Aureliam ut a me graecis litteris instituatur; et propterea domi suae habeat, honeste nutriat una cum famulo, detque salarium scutatorum solatorum viginti a x decembris ad usque Pascha proxime futurum XX aprilis; et ut satisfaciat librorum meorum vectoribus francos 37, solidos 10.

(1) Cf. Cuissard, *Un cours de grec à Orléans (10 décembre 1510 — 12 juin 1511)*, dans le *Bulletin de la Société archéologique et historique de l'Orléanais*, t. XII (1898), n° 164, p. 182 et suiv.

Debet idem duodenarios 12, quos solvi domino Cypriano pro libro Luciani.

Debet pro lectura a Pascha ad 14 usque Junii, qua discessi Aurelia, ea ratione qua pro praedicto tempore conveneramus, quanquam non fecerimus rationem, circiter fr. 12.

Debet pro praedicta vettura fr. 4.

Item quos illi misi mutuo per Julianum fr. 3, s. 15.

Compte avec Pyrrhus.

MDX, die XXI decembris, domini Brunellus et Bordinellus, legum doctores, Aureliae regentes, coeperunt audire litteras graecas, hora 4 pomeridiana, domi nostrae, ad XXVIII usque diem januarii. Tunc enim coeperunt audire in domo Scholastici, sed suas lectiones non cum aliis qui postea fuerant initiati.

Nota quod supradicti duo doctores, quia peculiarem lectionem habebant, plus erant soluturi quam duos quisque aureos in mense, et sic significaverant Pyrrho ; sed ego non nisi duos computo.

MDX, die XXI decembris, Aureliae coepi praelegere rudimenta graeca, hora prima pomeridiana, precio scutati unius in mense pro quolibet auditore, quorum nomina et pecuniae in altera pagina notabuntur ; varietas autem ipsarum juxta varietatem temporis quo venerunt observabitur.

1511

1511, Kalendis januarii, D. Brunellus misit mihi strenas duas ulnas villosi nigri per Antonium Robinum, qui nomine ejus dixit mihi hoc esse muneri missum, non in precium, pro quo erat perinde ac nil misisset satisfacturus, fr. 14. — Idem discessit in quadragesima ad concilium Lugdunense et fassus est se mihi debere velleque satisfacere, sed nihil volui, francos 10, s. 10.

D. Bordinellus, die XI aprilis, vigilia Pasca, misit per Julianum regalia scuta 8, fr. 14.

Idem, dum redirem Lutetiam, factus mihi obviam in itinere, voluit mihi aperta crumena liberalissime satisfacere, sed ego benigne condonavi, quia fuerat bonus amicus meus, fr. 4, s. 1.

Compte avec les précédents.

Decanus Carnotensis pauculos dies venit, sed misit mihi duas ulnas rasi serici per Nicolaum Sueur, francos 6, d. 10.

D. Lodaeus, magister Pulsorinus, ludimagister et mox compater meus, omnibus fere horis et lectionibus interfuit, francos 5, s. 5, sed reliqua condono.

Beraldus ludimagister....................	fr. 3,	s. 10
Minutius, postea doctor....................	1,	15
Procurator generalis Universitatis ; plus debebat, sed condono	3,	10
Canonicus Rotomagensis..................	1,	15
Robertus de Magnavilla, nobilis............	3,	10
Nicolaus Sudoris (1), frater advocati Meldensis..	7,	»»
Joannes Julianus, hypodidascalos Beraldi .	5,	5
Dionysalaertius...........................	5,	5
Nicolaus Gressier, nepos secretarii Gedoin.	7,	»»
Joannes Gardensis, nepos canonici *(biffé)* ..	1,	15
Petrus Penssius, decanus in Arvernia	5,	5
Joannes Menagier, nepos canonici..........	5,	5
Eutropius, nepos abbatis S. Hermagorae...	3,	10
Bernardinus, item..........................	3,	10
Hugo Le Boys, quondam Electi Aurelianensis..	1,	15

(1) Nicolas Sueur, mentionné plus haut.

MDXI, die Veneris XXIIIj januarii, mo[re] Rom[ano], coepi praelegere rudimenta graeca, hora 4a pomeridiana, in domo Scholastici Aurelianensis (qui idem est ac in aliis universitatibus cancellarius), legum doctoris et ordinariam Decret. legentis, ipsi et domino Alexandro ordinis jurisconsultorum, et M. Martino Ruze, fratri scholastici, Carolo Bracheto, Nicolao Gilberto, filio Alexandri, precio aureorum 8 singulis mensibus, fidejussore D. Bracheto thesaurario ; et si qui alii veniant, solvant ut convenero.

D. Thesaurarius Brachet debet pro lectionibus et reparationibus Caroli, hora pa, a XXa januarii ad XII junii semel in mense, fr. 4, s. 7.

ADDENDUM. — Voici la description que donne du Strabon de Versailles (cf. ce travail, p. 36-40 et 97-101) Mlle M. Pellechet dans son *Catalogue des incunables ....de la bibliothèque de Versailles,* Paris, Alphonse Picard, 1889, p. 268 :

« STRABON. Geographia in latinum versa a Gregorio Tiphernate et Guarino Veronense. — Parisiis, Ægidius Gormontius, 1512, 14 ff. n. ch., ff. ch : i—cliii : caract. goth.; 2 col.; manch.; frontispice gravé ; in-folio [294, et non pas 295, ainsi que nous l'avons imprimé p. 36].

F. 1r, *titre* : Strabonis illustrissimi scriptoris Geographia decem et septem libros continens E greco in latinum a Gregorio Typhernate et Guarino Veronense conuersa Cum Indice haudquaquam aspernando propter meliorem litterarum ordinem seruatum. [Audessous la marque du libraire reproduite par Brunet, I, 198]. Veneunt ab Egidio gourmont E regione collegii Cameracensis. F. 1r vo. Theodebaldus pigenatus ... Hieronymo Aleandro.... Fcliii, *colophon* : Strabonis Amasini scriptoris illustris geographiae opus finit. Parisijs impressum Anno salutis. M.D.Xij decimo Calendas Februarij....

Reliure originale en veau brun, fers à froid ; exemplaire fatigué. Sur le feuillet du titre, notes mss.: *F. N. Taillepied me emit eleemosinis Isamberti La Coffe — Pro bb. ff. M. pontisarentium.* Au-dessous du colophon, on retrouve le nom de frère *Natalis Taillepied* ; c'était un religieux cordelier du couvent de Pontoise, auteur de plusieurs écrits, entr'autres les *Antiquités de Rouen* et les *Antiquités de Pontoise*. Né à Pontoise en 1540, N. Taillepied mourut à Angers en 1589 dans un couvent de capucins où il s'était retiré. Panzer, VII, 566. »

L'exemplaire de Châlons que nous avons consulté, a perdu le feuillet du titre.

Corrigenda. — Lire : page 50, dans le titre du § II, *10 Décembre*, au lieu de : *10 Novembre* ; page 66, ligne 13, *quaestionum*, au lieu de : *quaastionum*. — Rétablir ainsi, page 115, une phrase d'une lettre d'Aléandre à Michel Hummelberger ; « Jube hominem bono animo esse, quem, si potero, neutiquam fallam, potero autem, si vivam. » Supprimer le [?].

(A suivre.)

E. JOVY.

TABLE

FRANÇOIS TISSARD ET JÉROME ALÉANDRE

Contribution à l'histoire des origines des études grecques en France

(2e fascicule)

TYPOGRAPHIE ET LITHOGRAPHIE P. TAVERNIER
VITRY-LE-FRANÇOIS